TRES FORMAS DE AMAR

PRISCILA GOTAY

BALBOA.
PRESS
A DIVISION OF HAY HOUSE

Puede hacer pedidos de libros de Balboa Press en librerías o poniéndose en contacto con:

Balboa Press
Una División de Hay House
1663 Liberty Drive
Bloomington, IN 47403
www.balboapress.com.au
1 (877) 407-4847

Debido a la naturaleza dinámica de Internet, cualquier dirección web o enlace contenido en este libro puede haber cambiado desde su publicación y puede que ya no sea válido. Las opiniones expresadas en esta obra son exclusivamente del autor y no reflejan necesariamente las opiniones del editor quien, por este medio, renuncia a cualquier responsabilidad sobre ellas.

El autor de este libro no ofrece consejos de medicina ni prescribe el uso de técnicas como forma de tratamiento para el bienestar físico, emocional, o para aliviar problemas médicas sin el consejo de un médico, directamente o indirectamente. El intento del autor es solamente para ofrecer información de una manera general para ayudarle en la búsqueda de un bienestar emocional y spiritual. En caso de usar esta información en este libro, que es su derecho constitucional, el autor y el publicador no asumen ninguna responsabilidad por sus acciones.

Las personas que aparecen en las imágenes de archivo proporcionadas por Thinkstock son modelos. Este tipo de imágenes se utilizan únicamente con fines ilustrativos. Ciertas imágenes de archivo © Thinkstock.

Información sobre impresión disponible en la última página.

ISBN: 978-1-5043-0291-3 (tapa blanda)
ISBN: 978-1-5043-0296-8 (libro electrónico)

Fecha de revisión de Balboa Press: 10/08/2016

NOTAS SOBRE EL LIBRO

TRES FORMAS DE AMAR es un poemario escrito por Priscila Gotay en el cual ella presenta la importancia de reconocer la diferencia entre tres formas de expresar amor que son el ÁGAPE, que es la expresión del AMOR Divino, el FRATERNO, que es el amor entre hermanos, y el EROS, que es el amor sensual. En su libro ella presenta unos mensajes cortos con el propósito de preparar al lector para comprender la intensión detrás de la escritura de sus poemas. Además, al final del mismo, ha incluido unos apéndices que verdaderamente considero muy relevantes en el desarrollo de una vida centrada en el AMOR, en los cuales también presenta poemas relacionados con dichos mensajes.

Soy la Dra. Nannette E. Llorens Rivera, y he tenido la oportunidad de leer el manuscrito de su libro, y he quedado encantada con sus poemas, y con la forma en que ella los introduce. Personalmente considero que la lectura de los mismos motivará al lector a reflexionar sobre su propósito en la vida, si es que aún no lo ha identificado, ya que les servirá de inspiración para meditar sobre sus mensajes, lo cual ella ha considerado clave en las relaciones sociales en todo los ámbitos. Ella insiste en que el ÁGAPE es la clave para llevar una vida libre de prejuicios, porque representa el amor divino, el cual, si lo cultivamos, se nos haría más fácil manifestar las otras formas de AMOR presentadas, y otras no incluidas en su libro.

NOTAS SOBRE LA AUTORA

Priscila Gotay nació de padres cristianos, y muy devotos, los cuales la guiaron en el desarrollo de los valores morales y espirituales desde su niñez. No obstante, ella vivía con el anhelo de poder comprender mejor lo que era el ser cristiano; ya que notaba los prejuicios relacionados con los dogmas, creencias y doctrinas de las diferentes religiones y denominaciones que la rodeaban. Pero al ella concentrarse en las enseñanzas de Jesús, a quien ella considera su maestro por excelencia, pudo notar que lo que Él decía y hacía, lo basaba en el AMOR. Esto la ha movido a expresar en poemas, ese AMOR, al que ella presenta como ÁGAPE, que es descrito como un *amor caritativo, desinteresado, altruista e incondicional*.

En su libro ella además presenta poemas inspirados en el amor FRATERNO, que es el amor entre hermanos, sin embargo, en esta sección ha incluido a todos los seres humanos, ya que considera que si todos fuimos creados a imagen y semejanza de Dios, por ende todos somos hermanos. Mas no pudo dejar a un lado la forma de amar calificada como EROS, que es el amor entre parejas.

Esas tres formas de expresar AMOR son parte de nuestra vida, pero ella considera que el activar el AMOR divino que es considerado como el ÁGAPE, nos puede mover a vivir las otras formas de expresar amor en forma vivificante..

Con este libro lo único que ella pretende es despertar en el lector el deseo de amar al prójimo, como así mismo. Ella considera el consejo del apóstol Pablo presentado en el capítulo 3 versículo 14 de la carta a los Colosenses, como la clave para vivir en AMOR. Lee así: Sobre todas las cosas vestíos de AMOR, que es el vínculo perfecto.

RECONOCIMIENTOS

En primer lugar quiero dirigir mi reconocimiento al DIOS UNIVERSAL, cuyo AMOR es incondicional, el cual me ha inspirado a escribir esta humilde obra literaria. ¡A Él sea la gloria!

A la Psicóloga Dra. Nannette E. Llorens por tomar su preciado tiempo para leer el manuscrito de este libro, y por ofrecerme su sentir y apreciación por lo escrito, lo cual me ha brindado la confianza para la publicación del mismo.

A mi amado esposo, por el apoyo que me ha brindado mientras me concentraba en el desarrollo de la escritura del mismo.

CONTENIDO

PRÓLOGO

El propósito de esta obra no es estrictamente religioso muy a pesar de que así parezca, sino el despertar conciencia de la importancia que tiene el establecer una relación con la divinidad, que creo enfáticamente, es lo que nos puede estimular a concentrarnos en la ley del AMOR. Esta ley está escrita en nuestros corazones, pero muchas veces es ignorada. El AMOR es lo único que nos puede llevar al desarrollo de unas relaciones humanas saludables, para así poder vivir en armonía unos con los otros.

A través de mi vida he venido observando y experimentando el conflicto de opiniones acerca de la relación con lo divino en términos generales. También he notado cómo el amor entre los miembros de las familias es afectado por alguna situación que haya surgido causada por algún mal entendido, que muchas veces es algo insignificante. Además he visto la forma en que los enamorados, quienes al principio de su relación, se vuelven locos de amor y sueñan con vivir el resto de sus días uno para el otro, y luego el sueño convertirse en una pesadilla. Esta inquietud me llevó a cuestionar cual sería la razón de ser de esto.

Hace mas o menos 20 años, tuve la oportunidad de asistir a un seminario relacionado con tres palabras para expresar amor en el idioma griego que, según la persona encargada del seminario, eran el ÁGAPE, que se refiere al amor que es Dios, el FILENO que está relacionado al amor entre hermanos, y el EROS, que es el amor sensual. Este tema me causó curiosidad porque pude notar que en el idioma griego se hace una diferencia entre el amor procedente de lo divino, y las demás formas de amar. Esto me llevó a hacerme la siguiente pregunta: ¿Cómo es posible que en nuestro idioma se utilice la misma palabra para hablar sobre cualquier forma de amor, cuando no hay

nada con qué comparar el amor inconfundible e incomparable que es Dios? Porque si todo lo que llamamos amor realmente fuese amor, sería algo maravilloso.

Al pensar de esta manera, me inspiré y escribí un poema basado en tres formas de amar, pero en lugar de fileno he usado la palabra fraterno, que según el diccionario de la Real Academia Española, quiere decir: perteneciente o relativo a los hermanos.

Luego comencé a escribir poemas de amor los cuales clasificaba de acuerdo a cada una de esas formas. Sin embargo esto lo hacía para mi propia satisfacción. Pero después de tantos años me dio por mostrarlos a varias personas que me han estimulado a publicarlos.

El libro contiene unos mensajes con los cuales introduzco los poemas inspirados en esas tres formas de amar. La primera sección es sobre el ÁGAPE que es un amor *caritativo, desinteresado, altruista e incondicional*. *En la antigua versión de la Biblia Reina Valera el amor con estas características era presentado como* **caridad**. Este es el modo en que se ve a Dios amar a la humanidad, y es la clase de amor que los cristianos aspiramos tener hacia nuestros semejantes. La otra palabra es **FRATERNO**, que como ya había presentado, describe el amor entre hermanos. Estas dos palabras a veces son usadas en los escritos cristianos, sin embargo, la tercera palabra que es **EROS**, que se refiere al amor *sensual*, no es común en el vocabulario del cristianismo. No obstante, creo que también es muy importante porque es parte esencial de nuestro ser. Estas tres formas de expresar el amor son una necesidad en el ser humano, pero cabe aclarar que la forma más fácil de mostrar el *fraterno* y el *eros* es mediante el ÁGAPE.

Si llegásemos a entender el poder que tiene el amor en todas sus formas, cesarían los conflictos en todo el sentido de la palabra. Pero ¡cuán difícil se nos hace muchas veces el poder expresar ese amor incondicional! Usted tal vez se pregunte: "¿Y cómo podremos llegar a vivir de esta manera si estamos rodeados de tanta injusticia?" Sí, estoy consciente de que esa es una realidad, pero hay un camino que nos puede llevar al logro de tan importante realización en nosotros. Jesús, nuestro maestro por excelencia, a través de las enseñanzas que Él nos dejó mientras llevaba a cabo su ministerio, nos presenta la forma en que podemos llegar a vivir el AMOR en todas sus formas.

Él dijo que nosotros somos la luz del mundo. (Mateo 5:14) al igual que lo es Él. (Juan 8:12) Esto confirma que Dios y nosotros somos uno. Además nos dijo que la luz en las tinieblas resplandece. (Juan 1:5) Si analizamos esta frase nos daremos cuenta que para que la luz resplandezca, tiene que haber tinieblas. Para mí esto significa que siempre, aquí en este plano, vamos a estar rodeados por situaciones adversas, pero que en la medida en que centremos nuestra confianza en Dios, podemos convertirnos en lumbreras al reflejar su maravilloso amor. El problema está en que a veces nos descuidamos y permitimos a nuestra carne tomar el control, y entramos en situaciones de las cuales luego nos avergonzamos. .

Pero esto no es algo nuevo. La Biblia contiene muchos relatos sobre personajes bíblicos tales como Sansón, Salomón, Pedro, y otros, que siendo los llamados para realizar los trabajos para los cuales fueron llamados, metieron la pata, como vulgarmente decimos en mi país; pero el amor de Dios hacia ellos nunca los dejó.

Pero el que verdaderamente considero que cometió un error craso, fue el rey David, quien fue considerado un hombre conforme al corazón de Dios. Este hombre codició la mujer de su prójimo, adulteró con ella, la embarazó, planificó la muerte del marido de ella, y la tomó por esposa. (2da. de Samuel 11:1-27) Pero la historia no termina ahí, pues al ser confrontado por el profeta Natán, se arrepintió de su pecado y se humilló. No obstante cosechó las consecuencias de sus actos. (2da. Samuel 12) Pero Dios nunca lo desechó. El hijo, producto de esa relación, murió, pero luego procrearon al sabio Salomón.

Si analizamos las historias de esos hombres mencionados, y otros que no mencioné, nos daremos cuenta que todos estamos expuestos a caer en debilidad. Por eso el apóstol Pablo dijo: *"El que piense estar firme, mire que no caiga."* (1ra. Corintios 10:12). Aunque también nos consuela al decir lo siguiente: *"Tú quien eres, que juzgas al criado ajeno? Para su propio Señor está en pie, o cae; pero estará firme, porque poderoso es el Señor para hacerlo estar firme."* (Romanos

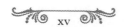

14:4) No debemos olvidar que esas historias presentadas en la Biblia son ejemplos de nuestra propia vida. .Esos hombres, aunque sufrieron las consecuencias de sus errores, no dejaron de ser amados por Dios. Por eso no nos debemos sentir frustrados, sino reconocer que hemos fallado, y volver nuestro pensamiento a la fuente de todo AMOR, nuestro DIOS.

Con esta información no estoy tratando de defender a otros por sus fallas, ni defenderme a mí por las mías, sino demostrar que el errar es de humanos. Mas lo importante es estar conscientes de que si en un momento hemos fallado, no desanimarnos ni condenarnos, sino seguir el camino confiando en que Dios es fiel a sus promesas. Su AMOR es incondicional. Por eso el profeta Joel dijo: "*...diga el débil, fuerte soy.*" (Joel 30:10) Y Pablo lo dice así: . . . *según el hombre interior, me deleito en la ley de Dios; pero veo otra ley en mis miembros que se revela contra la ley de mi mente, y que me lleva cautivo a la ley del pecado que está en mis miembros. ¡Miserable de mí! ¿Quién me librará de este cuerpo de muerte? Gracias doy a Dios por Jesucristo Señor nuestro*. . .(Romanos 7:22-25) Por eso debemos ser compasivos y misericordiosos con los demás, porque no sabemos si en un momento dado, caemos en lo mismo, o en algo peor.

En el Sermón el Monte Jesús nos muestra la forma en que debemos regir nuestras vidas. Sus mensajes, especialmente las bienaventuranzas o beatitudes, si las ponemos en práctica, llegaremos a ser seres maravillosamente felices, lo cual también se manifestará en nuestro vivir, y otros serán inspirados a seguir nuestro ejemplo. Él dijo además:: **"Bienaventurados los misericordiosos porque ellos alcanzarán misericordia."** (Mateo 5:7) Otra de sus bienaventuranzas es la siguiente: **"Bienaventurados los pacificadores porque ellos serán llamados hijos de Dios."** (Mateo 5:9) Pero solamente podremos llegar a ser pacificadores por medio de un amor incondicional

El apóstol Pablo nos dice que si **entendiésemos aún todos los misterios y toda la ciencia, y si tuviésemos una fe tan poderosa que trasladase los montes, y no tenemos amor, nada somos.** (1Cor. 13:2) Si analizamos esto, nos daremos cuenta que el amor es mucho más poderoso que el conocimiento. Sin embargo debo aclarar que no estoy subestimando al que se ha dedicado a escudriñar y a descubrir nuevos horizontes, sino estoy enfatizando la importancia que tiene el poder del amor que es más grande que todo el conocimiento habido y por haber. El amor está latente en cada ser humano, pero no todos han logrado despertarlo al máximo.

Por años he venido escribiendo sobre el amor al experimentar lo grandioso que es amar. El amor me ha llevado a perdonar y a pedir perdón, si en alguna forma he sentido que he ofendido alguna persona. Cuando eso se logra, ¡qué gran reposo se siente! Mas quiero enfatizar que esto es un proceso eterno, pues estoy consciente que puede ser que en un momento dado nos salgamos de control, pero lo importante es que si nos damos cuenta de ello, regresemos a la fuente de todo amor. Pero para que eso suceda es necesario reconocer conscientemente, que Cristo, que es la manifestación de Dios, vive en nosotros, el cual *produce en nosotros tanto el querer como el hacer por su buena voluntad.* (Filipenses 12:13) Y esto nos lleva al cumplimiento de la ley que es el **AMOR**.

Aunque presento el amor en tres formas, mi interés genuino es concentrarme en el amor divino. Vale aclarar que, con lo que expreso en este pequeño libro, no me propongo convencer al lector de unirse a ningún grupo en particular, ni hacer alarde de que si no cree como yo, usted está en error. Tampoco pretendo dar la impresión de que ya lo he alcanzado todo, sino que prosigo en este sentir que me ha llevado a la felicidad y a la paz lo cual no cambiaría por los tesoros del mundo.

Por años he tenido la inquietud por ver una mayor confraternización entre los seres humanos que es lo que me ha movido a escribir sobre el AMOR. Desde muy niña añoraba el ver a los grupos religiosos demostrar el amor de Dios del cual se hablaba tanto; sin embargo lo que observaba era conflictos motivados por la forma en que cada grupo presentaba su verdad. Esto le daba poder a mi incógnita de cual realmente sería la verdad del evangelio, pues notaba la pluralidad de enseñanzas y las diferentes formas de creer y actuar de las denominaciones evangélicas, y otras religiones que me rodeaban.

Según el diccionario de la Real Academia Española la palabra **verdad** tiene varias definiciones, siendo una de ellas la siguiente: *Conformidad de las cosas con el concepto que de ellas forma la mente.* Si analizamos esta definición para juzgar alguna creencia, dogma, o principio de alguna religión, o denominación evangélica, podemos decir que ellos están en su verdad, ya que según sus mentes, el concepto que tienen para sostener su punto de vista, es real. La otra definición provista es la siguiente: *Conformidad de lo que se dice, con lo que se siente o se piensa.* Esta definición también sostiene la posición de los que alegan tener la verdad absoluta. Pues si han dicho algo, y sienten y piensan que lo que dijeron es una realidad, para ellos esa es su verdad.

Con estas dos definiciones de la verdad pude llegar a la conclusión de que cada cual puede alegar que está en la verdad de acuerdo a lo que ellos sienten y experimentan e interpretan. Pero lo más intrigante para mí era que todas las creencias, dogmas, principios y cualquier punto alegado, es comprobado con la Biblia, lo cual me confundía. Si todos se basan en la misma Biblia, ¿qué estará sucediendo?

Esta inquietud me movió a meditar en cual sería en verdad la causa de esto, y comencé a abrir mi Biblia con la confianza de que Dios me hablaría por medio de ella. Y ese día al abrir la Biblia me topé con el capítulo 34 de Ezequiel el cual me llevó a confirmar que mi inquietud por ver una mejor demostración del amor de Dios manifestado entre los hermanos, era confirmada. En ese capítulo Dios le habla a los pastores de Israel, y también a las ovejas; no obstante, al analizarlo, pude asociar lo que estaba observando en el ámbito religioso, con ese pasaje bíblico. Otro pasaje bíblico que me impactó fue el capítulo 54 de Isaías donde se presenta el verdadero ayuno. Con estos dos mensajes pude ver que el AMOR va por encima de todo.

Pero no me quedé ahí, sino que seguí abriendo mi Biblia, pero en esta ocasión comenzó a abrirse en el Nuevo Testamento, especialmente en las enseñanzas de Jesús, quien concentró todo su ministerio en el AMOR. Uno de sus mensajes que verdaderamente confirmó mi inquietud por ver una mayor confraternización entre los hijos de Dios fue cuando Él expresó *que toda la ley se cumple en amar a Dios*

sobre todas las cosas, y al prójimo como a uno mismo. (Paráfrasis de Mateo 22:37-40 y de Marcos 12:29-31) Esa fue la razón por la cual sus enseñanzas y su forma de tratar con la humanidad fue tan compasiva, lo cual deseo con todo mi corazón poder imitar.

En esta obra, además de la presentación de las TRES FORMAS de AMAR he incluido unos apéndices con una información que fortalece lo ya expresado durante el desarrollo del contenido del libro. Uno de ellos está basado en el AUTOCONOCIMIENTO que es algo que considero clave en el desarrollo de un carácter amoroso, ya que nos puede ayudar a examinarnos para cambiar actitudes negativas. El otro apéndice es sobre la UNIDAD ESPIRITUAL con el cual trato de despertar en el lector un interés por buscar la forma de ser uno como Dios y el Cristo son uno. Y he escrito un tercer apéndice titulado LA SANTIDAD SE VIVE EN EL AMOR, con el cual pretendo despertar conciencia en cuanto a como lidiar con el tema de la santidad.

A través de los años he tenido la oportunidad de pertenecer a varias congregaciones y he notado que en todas ellas hay el mismo entusiasmo de buscar de Dios, como muchas veces los he escuchado decir. En cada una de ellas se puede ver la realización de lo que llaman milagros. He visto personas ya en los brazos de la muerte ser sanados, otros atados por los vicios ser liberados, y así sucesivamente. Pero eso a mí no me satisfacía en su totalidad.

Mi anhelo siempre ha sido ver a Dios manifestado en *amor* dentro de cada congregación, mas por lo general no es así debido a que, al ellos ser convencidos por lo que escuchaban, lo cual era fortalecido por la Biblia, lo creían a tal extremo que se convertían en defensores de sus creencias, y esto lo hacían con mucho celo y también con mucho entusiasmo. Pues para cada uno de esos grupos lo que han recibido y experimentado, es la verdad, lo cual los lleva al prejuicio religioso. Pero la verdad es una, y esa verdad está en el interior de cada ser. Nos dice el escritor Eric Butterworth en su libro EN EL FLUIR DE LA VIDA, que hay que vivir la vida de adentro hacia afuera.

Según LA PALABRA REVELADORA escrita por el Sr. Charles Fillmore, co fundador de Unity, el principio básico de la *verdad* es que la mente de cada individuo puede unificarse conscientemente con la

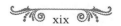

Mente Divina por medio del Cristo morador, y al afirmar la unidad con la Mente que es Dios, a la larga nos damos cuenta de la mente perfecta que estaba en Cristo Jesús. El resultado mayor de estar en la verdad es que ésta nos hace libres.

Hoy día yo puedo decir que encontré la verdad, y no tiene que ver con la religión, sino con la relación personal con Dios. Esto es algo que puede ser conquistado por cualquier ser humano que interese sentirse libre en cualquier lugar donde se encuentre; pues se supone que la verdad nos haga libres. Pero libres de qué? La verdad nos hace libres de los pensamientos negativos que nos limitan. Mas al centrar nuestra mente en las cosas que son del espíritu, se despierta en nosotros la bendita fe, que es la que nos ayuda a reconocer que somos los herederos de un reino inconmovible.

El concentrarnos en lo externo, nos abre la puerta a las preocupaciones del diario vivir, y como resultado de ello, nos salimos de la verdad porque estamos negando la providencia divina. Esa es la razón por la cual debemos detenernos y centrar nuestra mente en lo que va al espíritu. *Ya no vivimos por lo que vemos, sino vivimos por la fe en que Dios es nuestro proveedor, nuestro ayudador, nuestro consolador, y mucho más; pues todo don perfecto proviene de Él.*

El Sr. Charles Fillmore además nos dice que la **vida, la libertad y la búsqueda de la felicidad** son derechos inherentes en cada ser humano y vivimos con el fin de lograrlo. Y al esforzarnos constantemente para obtener alegría perpetua, la reconocemos como nuestro estado natural. Si eso no se logra, debemos reflexionar: ¿Hemos omitido algún factor necesario para la felicidad? De ser así, ¿Cual?

Yo afirmo con él, que el factor que hemos omitido es el reconocimiento de nuestra identidad, y su dominio de la conciencia lo cual se puede volver a obtener si nos damos cuenta que éste es un asunto entre Dios y el ser humano. Cuando decidimos volver a obtener el estado interior que hemos perdido, a medida que nos relacionamos más y más con Dios, se nos hace fácil el camino.

Según el Diccionario de la Real Academia Española una de las definiciones de **libertad** es la siguiente: *Facultad natural del hombre*

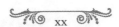

de obrar de una manera, o de otra, o de no obrar, por lo cual es responsable de sus actos. Según esta definición, *cada cual llevará su propia carga,* como lo expresó el apóstol Pablo en la epístola a los Gálatas capítulo 6 versículo 5. Y en 1ra. carta a los Corintios capítulo 10 versículo 23 él dice lo siguiente: *Todo me es lícito, pero no todo conviene; todo me es lícito, pero no todo edifica.* La palabra lícito quiere decir permitido. Pero hay una clave para poder lidiar con la libertad y es el desarrollo de una vida centrada en el espíritu lo cual nos mueve a desarrollar un buen carácter. Si estamos espiritualmente maduros, sabemos discernir entre lo que nos conviene, y lo que no nos conviene, y esto nos puede llevar a poder disfrutar la libertad gloriosa de los hijos de Dios.

Otra definición de libertad es la siguiente: *Estado o condición de quien no es esclavo.* Es muy triste decirlo, pero yo fui una esclava de las tradiciones religiosas por muchos años, hasta que el cansancio espiritual me llevó a reclamar mi herencia divina. Yo era una heredera, pero vivía como esclava porque era niña en conocimiento. Pero una vez descubrí quien verdaderamente **yo soy,** dejé de ser esclava. En el capítulo 4 versículo 1 de la epístola a los Gálatas el apóstol Pablo lo presenta de esta manera: "**M**ientras el heredero es niño, en nada difiere del esclavo, aunque es señor de todo" Pero, cuando ese niño se entera, ¿seguirá siendo lo mismo? Una vez me enteré de quien verdaderamente **yo soy,** la cosa cambió.

En el proceso de la renovación de nuestro entendimiento comenzamos a transformarnos y poco a poco vamos sintiendo que ya aquello que nos perturbaba, y lo que nos confundía, se va desvaneciendo. Cuando conocemos la verdad inalienable que es el reconocimiento de que Dios es uno con cada uno de sus hijos porque Él es la Omnipresencia; que Él todo lo conoce porque es la Omnisciencia; y que Él todo lo puede porque es la Omnipotencia, ¿existirá algo que nos pueda afectar adversamente?

Y como ya había expresado, mediante el estudio de la vida y el ministerio de Jesús yo iba notando que lo que Él decía y hacía lo basaba en el amor. El AMOR es la verdad que no falla. El AMOR

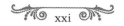

cubre multitud de faltas, el AMOR es el vínculo perfecto, y además es el vínculo de la paz. Toda la ley se cumple en el AMOR. Esta es verdaderamente la VERDAD que anduve buscando, ya que al analizar estas enseñanzas pude comprender y experimentar ese amor incondicional que he venido expresando. Al dirigir mis pensamientos hacia mi interior, y afirmar esa relación personal con Él, comenzó en mí el proceso de mi transformación. No estoy diciendo que ya lo he alcanzado todo, pues este es un proceso constante, (como ya había expresado) pero en la medida en que centro mis pensamientos en sus promesas que están basadas en su inigualable AMOR, no tengo nada que temer.

Las experiencias que he vivido a través del camino en la búsqueda de la verdad, me han llevado a ver la definición de la palabra evangelio en una forma clara, pues me habían dicho que evangelio quería decir buenas nuevas de salvación, que quiere decir buenas noticias, lo cual realmente ahora he comprobado. Jesús dijo: *"Bienaventurados los que tienen hambre y sed de justicia porque ellos serán saciados."* (Mateo 5:6) Estas palabras se han cumplido en mí, ya que Dios me ha llevado a conocer diferentes formas de ver el evangelio, hasta llegar a comprender que en todos los grupos existe el mismo deseo de conocer más sobre Él. Si hay falsedad en ellos, o no, no es mi problema. Pues he decidido no juzgar a nadie, sino amar a todos.,

Hoy día comprendo que la relación personal con Dios no depende del lugar en donde uno se congregue, sino en la relación personal con Él. Por eso Dios nos ha capacitado con unos poderes maravillosos que están presentes en nuestro ser, que si logramos activarlos, no hay barrera que pueda impedir nuestro bienestar en todo el sentido de la palabra. Entre ellos están **la fe, la fortaleza, la imaginación, la vida, el amor** y otros; pero en esta ocasión me he concentrado en el poder del **AMOR**.

El apóstol Pablo nos dice que *la letra mata, mas el Espíritu vivifica.* (2 Corintios 3:6) Aunque este texto era común para mí, ahora lo comprendo mejor debido a que estoy estudiando la Biblia en una forma que va más allá de lo físico, o sea, de la letra. Con esto me refiero

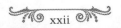

a la aplicación de los escritos e historias bíblicas a mi vida, lo cual me ha ido llevando a ser más entendida en cuanto a cómo vivir una vida centrada en el espíritu, lo cual recalco al decir que esto es un proceso constante. Y como dijo el apóstol Pablo: *"No que lo haya alcanzado ya; mas prosigo a la meta al premio del supremo llamamiento de Dios en Cristo Jesús (Filipenses 3:14)."*

Ésta ha sido mi experiencia: una vez desperté a la realización de que algo estaba mal, y centré mi interés en descubrir qué sería lo que no me permitía reinar en vida, ahí se manifestó el Cristo en mí, el cual comenzó a tratar conmigo. Solamente el Espíritu Santo, el Espíritu de Verdad, nos puede guiar a toda la verdad la cual nos hace libres.

Todo este conocimiento, al igual que las observaciones que a través de mi vida he hecho, me han llevado a respetar la posición de mis hermanos en cuanto a sus creencias, y a no juzgarlos. Si meditamos sobre la idea del **amor** que proviene de la mente universal, o sea, Dios, y afirmamos que somos *amables, bondadosos, comprensivos, y otras virtudes, y creemos de corazón que es así, podremos vivir conscientemente ese amor* en todas las relaciones en nuestra vida, y así podremos llegar a ser mejores ciudadanos.

Cada cual tiene el poder de llegar a ese nivel en el cual se puede vivir una vida victoriosa, pero depende de nuestro despertar a la realización de que Dios y nosotros somos una unidad. Cristo, quien es la manifestación de Dios en nosotros, es la esperanza de gloria. Y no me refiero a la gloria allá arriba, sino la gloria aquí y ahora. Una vez llegamos a ese nivel, ya no somos iguales. Solamente requiere el cuidado común como si fuera una planta que regamos para que nos de fruto. La oración afirmativa, que no es una súplica, sino el aquietarse y pensar en los recursos inagotables de la mente infinita, su presencia en toda su plenitud, y su presteza para manifestarse, cuando cumplimos con sus leyes divinas que están basadas en amar a Dios sobre todas las cosas, y a nuestro prójimo como a nosotros mismos. En otras palabras: *buscar primeramente el reino de Dios y su justicia.* (Mat. 6:36) La meditación es también un gran recurso para el mismo propósito, ya que nos puede llevar a conservar esa relación constante con Dios, y

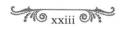

como resultado de esto, nuestras vidas mostrarán el fruto del espíritu reflejado en el AMOR.

En el proceso de mi crecimiento, Dios usó a varios recursos que con sus enseñanzas me iban confirmando mi posición relacionada con el amor, pero además me iban aclarando el concepto que yo tenía relacionado a la salvación, y a mi relación con Dios. Descubrí que, según el Salmo 82 versículos 6 y 7, y el evangelio según San Juan capítulo 10 versículos 34 y 35, somos dioses. Hoy sé quien en verdad **yo soy**. A medida que me iba instruyendo, mi vida iba cambiando. Se me quitó el miedo al infierno y la duda relacionada a mi futuro, y así comencé a reinar en vida.

Y resumiendo lo ya dicho: En la búsqueda de la verdad he descubierto que Dios y yo somos uno, que el Cristo mora en mí, al igual que en todos los hijos de Dios; y que al centrar nuestra mente y poner nuestros pensamientos en armonía con Él, podemos expresar la conciencia divina. Una consciencia nutrida por el **AMOR**, el cual nos guía a reflejar el fruto del espíritu en todos sus niveles.

Mantengamos sin dudar la confianza de que el reino de los cielos está en nosotros, y por lo tanto podemos reinar sobre cualquier circunstancia. Si todo lo aquí expresado es la verdad, ¿no cree usted que nos ofrece libertad? ¡Esto sí, es LIBERTAD! Mas es, sobre todo, la manifestación del grandioso AMOR que es DIOS. Solo así podremos cantar HALLA EN LA TIERRA PAZ Y QUE ÉSTA COMIENCE EN MÍ!

Como introducción a mis poemas inspirados en TRES FORMAS DE AMAR presento el siguiente poema:

TRES FORMAS DE AMAR

Hay tres formas de amar que no deben confundirse:
el FRATERNO y el EROS, y además el ÁGAPE.
Ahora dígame usted cual es el más importante
si de esos tres amores se depende a cada instante.

FRATERNO es el amor manifestado entre hermanos
el cual, si lo cultivamos, tendremos un ambiente sano,
entendiendo cada cual que el respeto es la clave
para vivir una vida sin conflictos, ni ansiedades.

El otro amor, que es el EROS, ha inspirado a poetas,
compositores y autores para entretener su audiencia.
Sin ese amor no habrían seres, pues ese es el amor sensual
el cual es el responsable de que podamos procrear.

Ese amor lo han tomado muchos para enriquecerse;
pues revistas, el cine, la radio, y además la televisión
plagados están de ese amor que raya en la hipocresía,
pues aunque parezca cierto, no es más que una fantasía.

Mas si logramos entender la seriedad de ese amor,
sería una delicia el mundo a su alrededor;
las parejas se amarían y no habría infidelidad,
y esto produciría familias con estabilidad.

Pero existe un gran amor, el que llamamos el ÁGAPE,
el cual, si lo cultivamos, todos seremos felices.
Pues con ese gran amor activado en nosotros
sería más fácil vivir el FRATERNO, como el otro.

Ese amor es compasivo, es paciente y es benigno,
no tiene envidia, ni avaricia, y nunca dejará de ser.
Ese amor es sin igual porque proviene de Dios,
y aquel que ame como Él, tendrá un nuevo amanecer.

Por eso debemos todos lo dicho analizar;
pues las tres formas de amar son una necesidad.
Si concentramos la mente en el ÁGAPE, amor real,
el FRATERNO, y el EROS, se harán una realidad.

EL ÁGAPE

Porque de tal manera amó Dios al mundo que ha dado a su Hijo unigénito para que todo aquel que en Él cree no se pierda, mas tenga vida eterna. (Juan 3:16) ¡Qué prueba más contundente de lo que es el amor calificado como **Ágape**! Como expresara en el prólogo, ese es un amor que no tiene comparación. Es un amor incondicional. El mensaje en este texto tiene un motivo por el cual Dios nos ha dado a su hijo, y es que mediante el creer en Él no nos perdamos sino que tengamos vida eterna.

Yo vivía esperando tener esa vida eterna en el más allá, pero déjeme decirle que esa vida comienza en el aquí y en el ahora. Lo único que a mí me impedía comenzar a reinar en vida, como lo expresa el apóstol Pablo, era la falta de conocimiento. Pero al descubrir que yo soy una hija de Dios con todos los derechos, mi vida no fue igual. Jesús dijo: **" Yo he venido para que tengan vida, y para que la tengan en abundancia."** (Juan 10:10) Pero yo no estaba viviendo esa vida abundante prometida por Él, la cual se manifiesta mediante el *amar a Dios sobre todas las cosas.* ¿Y cual será el significado de estas palabras? Para mí significa el ponerlo a Él primero en todos nuestros asuntos, y reconocer las **leyes divinas** que Él estableció para mantener el orden en todo el sentido de la palabra. Aunque llevo años con la certeza de quien yo soy, y mi relación con Dios y mi prójimo, que ha sido basado en las leyes divinas, hoy tengo una mejor comprensión de lo que son esas leyes. En la búsqueda de un mejor entendimiento de lo divino, he encontrado información que me ha llevado a verlo más claramente.

En el libro escrito por el Sr. Charles Fillmore titulado LA PALABRA REVELADORA, encontré lo que es una **ley divina.** Aquí el Sr. Fillmore nos dice que la ley divina es el *proceso lógico por el cual*

Dios se manifiesta. Además explica que la ley divina es el resultado ordenado de los principios del Ser o de los ideales divinos, en expresión y manifestación en toda la creación. Y nos sigue diciendo que el hombre, al mantener la ley del pensamiento correcto, trabaja en armonía perfecta con la ley divina, y como consecuencia, prepara el camino hacia la conciencia espiritual, por el resultado de sus obras. La ley divina es revelada a la mente del hombre por el pensar conscientemente en ideas espirituales.

Si nos concentramos en vivir de esta manera, podremos llegar a tener esa vida abundante que nos ha sido prometida. Mi experiencia personal ha sido que desde que comprendí esta realidad espiritual, he alcanzado muchas cosas que había añorado por años, siendo la más importante de ellas el poder comprender ese amor incondicional de Dios mostrado por el Cristo en nosotros.

No obstante, estoy consciente de que en nuestro caminar en esta vida a veces enfrentamos dificultades, que pueden ser situaciones temporeras y pasajeras, las cuales se pueden convertir en escalones para subir a la cima, dependiendo de cómo tratamos con ellas. Por eso, al llegar la situación adversa, es necesario **activar nuestra fe con la confianza de que las promesas de Dios son fieles y verdaderas.**

El conocer las ideas divinas y el sometimiento a ellas nos capacita para también **amar a nuestro prójimo como a nosotros mismos,** que es la otra parte del texto presentado. Al concentrarnos en ese amor que Él ha mostrado a través del Cristo que mora en cada uno de sus hijos, podemos llegar a ser como es Él: **amorosos, humildes, mansos, misericordiosos, pacientes, benignos, compasivo y otras virtudes.** Ese amor nos lleva a **perdonar,** nos cambia la competencia **en cooperación,** nos quita el temor porque desarrollamos **confianza en sus promesas,** y todo esto redunda en **paz,** que es algo muy necesario para la **felicidad.** Y esa felicidad nos lleva a admirar la creación de Dios y a darle las gracias, la gloria y la honra por todo. Por eso puedo expresar en poemas ese AMOR que excede a todo conocimiento. Ese es el que he expresado como ÁGAPE. ¡Cuán hermoso es poder conocer las dimensiones de ese AMOR!

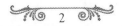

Hay un cántico espiritual de un autor desconocido que lo describe así:

El AMOR de Dios es maravilloso
el AMOR de Dios es maravilloso
el AMOR de Dios es maravilloso
¡Cuán grande es el amor de Dios!

Es tan alto que no puedo ir por encima de él,
tan profundo que no puedo ir por debajo de él,
tan ancho que no puedo salir fuera de él.
¡Cuán grande es el AMOR de Dios!

A continuación presentaré una serie de poemas inspirados en el ÁGAPE, que representa el amor que es Dios, con los cuales lo admiro y lo alabo por su incomparable AMOR.

EL FRUTO DEL ESPÍRITU

Al proclamar que tenemos el **amor** manifestado,
nos debemos preguntar ¿Sabremos lo que es **amor**?
El **amor** es el reflejo de lo que en nuestro ser
es el fruto del espíritu que no se debe ignorar.

Si tenemos ese **amor** somos **misericordiosos,**
también seremos **pacientes, benignos** y **compasivos**;
además seremos **mansos**, llenos de dominio propio
lo cual nos puede llevar a vivir en el reposo.

Y como un buen resultado de vivir en el reposo
disfrutaremos del **gozo** que es producto del **amor.**
Y la **paz** de nuestro Dios se hará una realidad,
y así seremos felices nosotros, y los demás.

Con ese infinito **amor** nuestro Dios nos ha amado,
sin detenerse a juzgarnos por nuestra debilidad;
y por el Cristo amado Él nos muestra su verdad
la que nos puede llevar a vivir en libertad.

Por eso debemos siempre nuestra mente renovar
afirmando cada día que su **amor** es sin igual;
y al activar ese **amor** en nuestro diario vivir,
ese fruto en nuestra vida el mundo podrá sentir.

BUENAS NUEVAS

¡Qué bonito es conocer
el evangelio glorioso
que nos lleva cada día
a vivir en el reposo.

En él no se vive por obras,
ni por ritos, ni por dogmas;
se vive por el amor
y la fe que en nosotros mora.

Vemos lo que aún no es
como que ya está ahí,
por eso somos dichosos
confiando que es así.

Y así vivimos la vida
sin miedos y sin zozobras
al reconocer al Cristo vivo
que en nosotros mora.

El evangelio de paz
no nos permite mirar
a aquellos que nos rodean
por su forma de pensar.

No importa de donde son,
ni tampoco lo que crean,
solo que la luz de Cristo
en nosotros ellos vean.

Dejando esa luz brillar
por la forma en que vivimos,
verán ellos el amor
y la paz del Dios divino.

Y poco a poco podremos
inspirar a mucha gente
a buscar y a descubrir
en ellos al Cristo viviente.

FE, ESPERANZA Y AMOR

Ahora permanecen tres: FE, ESPERANZA y AMOR,
lo que nos lleva a vivir una vida superior,
porque con esas virtudes activas en nuestro ser,
cesarían la frustración, la angustia y el temor.

FE es la real sustancia de aquello que esperamos,
y además la convicción de aquello que aún no vemos.
Ella nos lleva a vivir venciendo vicisitud,
porque el actuar en fe, nos cambia nuestra actitud.

La ESPERANZA es aquello que nos lleva a pensar
que lo que Dios prometió, fielmente lo cumplirá.
Esas preciosas promesas son una gran realidad,
si esperamos con paciencia, lo deseado vendrá.

¿Y qué del mayor de todos? Pues ese es el AMOR,
que es el vínculo perfecto que nos ha dado nuestro Dios.
El AMOR rompe barreras de raza, color y credo,
y nos lleva por la vida comprendiendo al forastero.

Nos mueve además a ser comprensibles y amigables,
mostrando al mundo exterior un **AMOR** incomparable.
Ese es el AMOR de Dios mostrado a la humanidad,
y el que cree esta verdad vive tranquilo y en paz.

¿No crees que es maravilloso vivir esta realidad?
FE, ESPERANZA Y AMOR traen mucha felicidad.

LA ESPERANZA DE GLORIA

¡Cuán maravilloso es
saber que Cristo en mí
es la esperanza de gloria!
Y esto, realmente, es así.

Esta hermosa realidad
de Cristo estar en mi ser
me llena de confianza
y fortalece mi fe.

Con la esperanza de gloria,
¿habrá algo que me impida
el vivir regocijada
aún con retos en la vida?

Esos retos que hay momentos
llegan sin ser esperados,
centrando mi mente en Cristo
el temor es disipado.

Por eso puedo afirmar
que todo lo puedo en Él,
y con esta confianza
me apoyo en su poder.

Gracias Dios por que en tu amor,
en Cristo Tú nos has dado
la ESPERANZA DE GLORIA
para vivir reposados.

QUÉ ES PAZ

¿Será la paz el que no hayan situaciones adversas?
¿O será que a pesar de ellas la tranquilidad permanezca?
¡Oh, pero eso es difícil ! Así usted podrá decir,
mas si ha pensado así, su situación seguirá ahí.

"Como el hombre piensa, así es él." dijo el sabio Salomón.
Y Jesús lo expresó así: "Como crees, hecho será."
Por eso al llegar un reto no te turbes ni un instante,
activa la fe en ti y espera muy paciente.

Y verás que el ejercicio de tu fe bien activada,
te llevará a la PAZ que ha sido muy deseada.
La duda, el miedo y la angustia no dejan manifestarse
el caudal de bendiciones que a sus hijos Dios ofrece.

Activa el conocimiento de tu identidad gloriosa.
Tú no eres cualquier cosa, tú eres una prenda hermosa.
Y en tu ser morando está el Espíritu Divino
que nunca te dejará solitario en el camino.

Afirma constantemente tu identidad que es divina,
creyendo que el Cristo en ti te da fuerza y te anima;
y la PAZ de nuestro Dios inundará tu existir
y en la lucha pasajera en gozo podrás vivir.

ADMIRANDO LA CREACIÓN

Cada día al despertar
doy gracias a mi Dios amante
por el sueño reparador
del que despierto muy radiante.

Oigo las aves cantar
y observo la luz solar,
y siento el aire fluir
lo que anima mi existir.

Demostrando omnipotencia
todo Dios lo ha creado;
pero su obra maestra
fue crear al cuerpo humano.

Eso me lleva a admirar
cómo el corazón palpita
llevando vida en la sangre
que nutre las células toditas.

Esos potentes pulmones
que nos hacen respirar,
se expanden y se encogen
día y noche sin cesar.

Nos dio los cinco sentidos
para poder escuchar,
mirar, tocar y oler
y además saborear.

¿Y qué más podré admirar
de el cuerpo con franqueza
si todo es maravilloso
desde los pies a la cabeza?

Por eso le doy las gracias
a mi Dios por su creación,
y por su grandioso amor
derramado en mi corazón.

UN CONTUNDENTE EJEMPLO

Al mirar y observar
la inmensidad del océano
la grandiosa expansión,
a lo que llamamos cielo,
también las altas montañas,
los ríos, lagos, lagunas,
las palmeras y las flores;
maravillas que me animan
a no poderme callar.
Al Creador debo alabar
por esa obra de AMOR que
no he podido ignorar.

Ese grandioso trabajo
fue producto de su fe;
lo que Él puso en su mente,
por su palabra, así fue.
Y esto nos debe mover
a seguir su gran ejemplo
pensando en cosas buenas
y con la boca afirmar
que todos nuestros anhelos
por la esperanza y la fe,
se van a manifestar
porque nuestro Dios es fiel.

Mantengamos la confianza
en nuestro Dios, el creador
de todo el Universo,
y respetemos su ley.
Su bendita ley que es AMOR,
lo cual nos puede mover
a amarlo a Él sobre todo,
y al prójimo también.
Además poder amar
a toda la creación:
el producto de su AMOR
que nos trajo bendición.

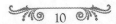

¡QUÉ GRAN EJEMPLO!

¡Qué bonito es despertar
al escuchar la canción
de un pajarito precioso
que alaba a su creador!

¡Qué bonito proceder
muestran a diario las aves¡
que al reconocer a Dios
le cantan sus trinos suaves.

Ese ejemplo precioso
debemos hoy imitar
para así reconocer
que Dios no nos va a dejar.

Pero con tristeza digo
que muchos de los humanos
no dan gloria al creador
sino viven preocupados.

Si Él cuida de las aves
y les provee sustento,
¿No crees que Él hará lo mismo
a sus hijos que ama tanto?

Agradezcamos que a diario
su mano está con nosotros;
cantemos siempre con gozo
y así seremos dichosos.

SATISFACCIÓN

¿No te has puesto a pensar cuántas cosas nos rodean?
Cosas buenas, cosas bellas que nos deben inspirar
a ser bien agradecidos, sin lo de otros desear,
y así sería más sencillo lo deseado alcanzar.

Quizás tú tengas deseos, como tal vez alguien más,
de poseer alguna cosa que anhelas en verdad,
pero si te concentraras en agradecerle a Dios
por lo que ahora tienes, algún día lo tendrás.

¿Por qué pensar en aquello que no tiene ni sentido
en lugar de concentrarnos en lo que va al corazón?
Pues concentrando la mente en lo que es constructivo,
nos sorprenderá algún día una gran satisfacción.

Concéntrate en la belleza que está a tu alrededor:
ese aire que respiras, las flores, el mar, el sol,
también la preciosa fauna que nos habla de la vida,
y las plantas y la hierba que nos brindan su verdor.

Piensa en que hasta este día puedes aún respirar,
lo que te puede decir que aún queda la esperanza
para conquistar aquello que has anhelado alcanzar,
siguiendo un buen proceder y con mucha confianza.

Sin afanes desmedidos y sin la preocupación
que a muchos sigue llevando día a día a frustración;
siente tus deseos cumplidos en tu imaginación,
y espera confiado en su realización.

Viviendo de esta manera no habrá nada que perturbe
la paz y el gran bienestar que produce en nuestro ser
el conocer la verdad de que somos herederos
de un reino inconmovible inherente en cada ser.

Siguiendo este proceder seguiremos adelante,
y no habrá nada que impida la grandiosa bendición,
que es poder vivir la vida con gran agradecimiento
sintiendo mucha alegría y una gran SATISFACIÓN.

HERMOSOS REGALOS

¡Qué hermosos regalos mi Dios me ha dado!
y los quiero abrir con mucho cuidado.

El regalo PAZ abro y lo comparto
con otros que viven en pena y quebranto.
Esa PAZ perfecta la quiero expresar
al vivir mi vida con serenidad.

El otro regalo que abro es el GOZO,
el que con mis cantos a diario expreso.
Al saber que Cristo en mi ser está,
¿cómo no gozarme si es la realidad?

Y ahora con gozo abro la ESPERANZA,
precioso regalo que me da confianza.
Esa esperanza me lleva a entender
que todo lo bueno siempre lo tendré.

Y el más preciado de todo regalo,
ese es el AMOR que con cuidado abro.
El AMOR me lleva a la compasión,
y al respeto mutuo que trae bendición.

Porque el AMOR no tiene fronteras,
colores ni credos ni estratos sociales;
no es egoísta, ni es jactancioso,
y esto redunda en paz y reposo.

¡Qué hermosos regalos nuestro Dios nos da!
Compartámoslos con la humanidad.

LA VIDA Y LA FLOR

La vida es cual la flor
que nace por la mañana,
la que tal vez en la tarde
se marchita y se cae;
pero debemos saber
que a su paso esa flor,
ha dejado su belleza
y también su buen olor.

Como la flor cuando muere
ha dejado su fragancia,
el hombre en su caminar
por la senda de la vida
también debe dejar huellas
que distingan su existencia:
huellas de amor, lealtad,
buen ánimo e inteligencia.

Y aunque la tormenta cruel
nos azote con rigor
y por momentos sintamos
de la vida su dolor,
no debemos de temer
ni tampoco claudicar,
pensemos que nuestra vida
debe despedir su olor.

Nunca dejes de pensar
que Dios es el hortelano
que sembró en ti la planta
de la cual nació tu flor;
Él siempre estará dispuesto
para ayudarte a cuidar
esa flor que es la vida
que te dio con tanto AMOR.

EN EL FLUIR

Como el viento en su fluir
mi vida fluye con Dios.
Su amor ánimo me da
para aquí vivir feliz.

Vivo un día a la vez,
pues el ayer ya se fue,
y el mañana no ha llegado;
hoy sólo vivo por fe.

Mas para que esto suceda
tengo algo que hacer
y es reconocer a diario
que Cristo mora en mi ser.

Si Cristo en nosotros es
la esperanza de gloria,
¿Por qué vivir preocupados
temerosos y angustiados?

Reconozcamos que Dios
nos ha dado sus promesas,
las que por la fe divina
podemos hacerlas nuestras.

Por eso puedo fluir
y ser llevada como el viento
porque mi Cristo amoroso
es mi guía y mi sustento.

LA PAZ, BIENESTAR DIVINO

Mucho se habla de paz en el mundo en que vivimos,
pero ¿se busca en verdad ese bienestar divino?
¿Cómo puede ser posible que en nombre de la paz
surjan las contrataciones para la guerra apoyar?

Nunca podré comprender cómo aún las religiones,
en nombre de su verdad establecen condiciones;
y así han ido marginando a los que creen diferente,
creando un conflicto tal, que ha afectado el ambiente.

La paz debe comenzar muy dentro de nuestro ser,
y poco a poco influenciar a los que viven sin fe.
Por eso me abro a la paz y respeto a todo el mundo,
y honro la diversidad, y amo con amor profundo.

El ejemplo más glorioso fue Jesús, nuestro maestro,
quien dijo: "mi paz os doy" la que nos hace dichosos.
Por eso gracias le doy por darme su inmensa paz
la que me lleva a vivir la vida sin ansiedad.

No hay cosa más bonita que poder vivir en paz,
respetando a los humanos, a toditos por igual;
y aunque somos diferentes, somos los hijos de Dios,
por ende somos hermanos aunque lo quieran negar.

Hoy le doy gracias a Dios que me ha dado de su amor
y me ha inspirado amar, sin reservas y sin par;
por eso digo con gozo que estoy en el real camino
el que me lleva a la paz que es el bienestar divino.

EN SU PRESENCIA

¡Qué bueno es reconocer
la presencia del Cristo amado,
que nos guarda, y nos guía
por un sendero inigualado!

Con Él no existe zozobra,
tampoco inseguridad
porque sus fieles promesas
son una gran realidad.

Una de esas promesas es
que Él siempre está presente,
por el Espíritu Santo
que es una realidad potente.

Con mi mente bien centrada
en su bendita presencia,
no habrá nada en esta vida
que perturbe mi conciencia.

Hoy yo puedo comprender
que hay una sola presencia;
un solo Dios, que en su amor,
fortalece mi existencia.

Él me sacó de ignorancia
y me ha llevado a entender
que su infinita presencia
está dentro de mi ser.

Por eso doy mi consejo
a aquel que quiera encontrarlo:
búscalo dentro de ti
si en verdad quieres hallarlo.

Pues la hermosa relación
que provee su amistad
te llevará a ser feliz
y esto es una realidad.

Despierta la fe en ti;
y entra en su presencia,
y ahí podrás reposar
con una limpia conciencia.

INSPIRACIÓN

Mi corazón dispuesto está
para alabar a Dios con lealtad.
Por eso cada mañana
siento un impulso para cantar.

Gracias a diario doy mi Dios,
por haberme dado la inspiración.
¿Y cómo no alzar mi voz
en alabanzas para el Creador?

En la alabanza habita Dios;
pues la alabanza es la expresión
que manifiesta que estoy consciente
que Cristo reina en mi corazón.

Esta bendita y gran relación
de Cristo y yo uno ser,
me da reposo y hermosa paz,
y eso no lo puedo esconder.

Canto, porque Él me hace cantar;
canto, aunque mi carne quiera llorar;
canto porque cantando expreso mi amor
al Cristo que habita en mi interior.

Constantemente agradezco a Dios
por su preciosa y fiel relación
que me acompaña por donde voy
y que me llena de inspiración.

Acróstico titulado:

FELICIDAD

Felicidad, palabra que inspira un gran bienestar.

Es un anhelado sentimiento que es buscado en todo tiempo.

Lamentablemente muchos no saben que en ellos está presente.

Internamente la poseemos, sólo hay que ir directo a la fuente.

Ciertamente si la deseamos, conscientemente cambiemos la mente.

Inspirados siempre en las promesas que el Dios amante nos ofrece,

Descubriremos la felicidad que el Cristo amado mostrará.

Al caminar en su presencia no hay nada que nos entristezca.

Demos gracias a Dios con lealtad por brindarnos **FELICIDAD.**

VIVIENDO EN FELICIDAD

En esa búsqueda eterna de sentirse realizado,
de disfrutar todo aquello que siempre se ha deseado,
muchos en ese sentir, se desvían del camino
y se enfrascan en vivir la vida en desatino.

Así pierden esa guía que dentro de cada cual
es posible despertar, y la vida no será igual.
Esa guía sin igual, es Dios, que en su gran amor,
nos prometió estar presente y siempre dispuesto a amar.

Su AMOR es inconfundible, y su bondad y paciencia,
no tienen comparación lo que nos puede indicar
que Él siempre está dispuesto a escuchar, en su bondad,
al que en un momento dado reclamare su heredad.

Somos sus hijos queridos, por tanto, los herederos
de todas sus bendiciones que es un caudal muy preciado.
En ese caudal podemos encontrar la inmensidad
de todo lo necesario para la **FELICIDAD**

Ahí están la salud, también la prosperidad,
el gozo, la alegría, la sabiduría y la paz.
Además están la fe, la esperanza y el amor
y todo este tesoro nos trae la **FELICIDAD**

Mas hay que buscar primero tener una relación
con ese Padre amoroso que mora dentro del ser;
y ese contacto divino nos lleva a reconocer
nuestra real identidad: somos los hijos de Él.

Con este conocimiento activado en nuestro ser,
¿que podrá ser suficiente pa' nuestra vida frustrar?
Por eso es muy importante comprender esta verdad,
para vivir una vida llena de **FELICIDAD.**

GRATITUD

Cuando pienso en tanto bien
que recibo de mi Dios,
¿Cómo me habré de callar?
Gratitud he de expresar.

No importa la situación
adversa que me ha retado,
siempre he sentido que Él
me ha extendido su mano.

No obstante, en algún momento,
parece que me ha dejado,
pero eso me ha llevado
por un camino mejorado.

Él sabe lo que conviene,
y además lo que detiene
el que yo sea prosperada,
por eso Él interviene.

Esto me lleva a expresar
mi gratitud hacia Él,
porque me llena de gozo
y de su infinito poder.

Gracias Dios por tus bondades,
gracias por tu protección,
y gracias porque en tu amor
disfruto gran bendición.

RECONOCIMIENTO

¡Cuán glorioso es despertar
con el pensamiento claro
reconociendo al Creador
en el cual yo me amparo!

Todo lo puedo en Él
porque tengo su poder
que activo cada día
para los retos vencer.

El Cristo que mora en mí,
que es mi guía y mi sostén,
me lleva de gloria en gloria,
al reconocer su bien.

No importa la situación
que a mí me pueda llegar,
al activar la fe en mí,
se torna en bienestar.

Te alabaré y cantaré
y a tu nombre exaltaré
con canciones y poemas
que provienen de mi ser.

Gloria a Ti, divino Dios,
por tu bondad y tu amor,
gracias por tu bendición
que me da la inspiración.

ME BASTA SU GRACIA

Las gracias doy a mi Dios
por su infinita gracia;
su gracia me es suficiente
pa' caminar firmemente.

Cuando a mí quiere llegar
cualquier situación adversa
que me quiera amedrentar,
su gracia me da la fuerza.

Pues a veces he notado
que queriendo hacer el bien,
me doy cuenta que aún me falta
muchísimo por crecer.

Mas en mi interior escucho
la voz de mi Cristo amado
"Bástate mi gracia" dice;
"Mi amor nunca te ha dejado."

Su gracia me da el poder,
la fortaleza y la fe
para así seguir creciendo
a la estatura de Él.

Confiando en sus promesas
puedo seguir caminando;
pues su gracia me sostiene,
y me lleva de la mano.

Sólo así podré decir:
"No soy yo, sino Él en mí
el que en victoria me lleva,
por eso soy tan feliz."

EL CAMINO NUEVO

En una senda antigua
por años yo caminé;
pues así había aprendido
desde mi pura niñez.

En ella, de día en día,
cansancio experimenté:
muchas cosas me impedían
el poder vivir por fe.

Pero un día me senté
y me puse a pensar:
"¿No habrá otro camino
que me lleve a reposar?"

"Sí, seguro que lo hay."
Escuché una voz decir.
"Cristo abrió un nuevo camino;
entra en él y serás feliz."

Pero para entrar en él,
la carne hay que atravesar,
y así tú podrás entrar
al camino espiritual.

En ese nuevo camino
no hay lugar para la angustia
porque el Cristo en tu interior
te fortalece en su amor.

Y si un día resbalares,
pues eres un ser humano,
Él siempre estará dispuesto
a extenderte su mano.

Esa relación hermosa
del Cristo y yo uno ser,
me ha llevado al reposo
y hoy camino por fe.

Viviré agradecida
de esta gran relación;
con el Cristo de la gloria,
camino sin confusión.

EN EL ABRIGO DEL ALTÍSIMO

Me aquieto, y entro en silencio
al abrigo del Altísimo,
que es la habitación secreta
donde Dios y yo nos reunimos.

Acallo mis pensamientos
negativos y frustrantes,
y abro en grande mi mente,
y escucho su voz amante.

Dios, en Cristo, mora en mí,
y es mi esperanza de gloria;
lo que me hace vivir
una vida en victoria.

Día a día me renuevo
afirmando en oración,
y estando bien consciente
de que Él es mi provisión.

Bajo sus alas no temo,
sino vivo confiada
que no importa lo que pase,
Él siempre mi vida guarda.

¡Qué delicia es habitar
con una buena conciencia
bajo el abrigo del Altísimo
y disfrutar su presencia!

Gracias Dios, por ser mi abrigo
y mi habitación sagrada
donde me puedo albergar
para vivir reposada.

EL SENTIR DE DIOS

Al sentir en mi interior
esa divina presencia
de mi Dios, que es todo AMOR
se despierta mi conciencia.
Y comienzo a meditar
en las grandezas de un Dios
misericordioso y paciente;
siempre dispuesto a escuchar.

Por eso, humildemente,
al llegar la situación
que intente preocuparme,
voy a Él en oración.
En una oración sencilla,
con fe y esperanza viva,
que son las buenas semillas
que germinan en nueva vida.

Este es el sentir de Dios,
quien en AMOR nos creó,
y a los humanos dio algo
que a otros seres no les dio.
Nos dio una mente pensante
y además nos dio el hablar,.
con estas armas potentes
siempre vamos a triunfar.

.

Pensando en sus promesas
sin claudicar y sin dudar,
conforme al orden divino,
todo, se va a manifestar.
Y con la boca alabemos
dejando atrás el pesar,
dando gracias cada día
por una vida ideal.

¡CÓMO NO AMARTE!

¡Cómo no amarte, mi Dios,
si Tú me amaste primero
y al saber cuánto me amas
pude sentir tu consuelo.

¡Cómo no amarte,
si cuando más confundida,
agobiada y angustiada
me alcanzaste con tu voz!

¡Cómo no amarte,
si por tu amor que es eterno
hoy puedo vivir tranquila
confiada en tu poder!
El poder que Tú me has dado
que me lleva cada día
a los retos yo vencer.

Tu amor que es infinito,
con el cual me has amado,
al mundo quiero mostrar
para que vivan confiados.

Ese grandioso amor
que no conoce barreras
fluyendo está para todos
los que desean tenerlo.

Por eso hoy puedo expresar:
¡Como no amarte mi Dios!
si tu amor incomparable
me ha llevado a reposar.

LA GRACIA Vs. LA LEY

La ley, ¡que pesada carga
en el pasado reinó!
Pero vino Jesucristo
y por su amor, la cumplió.

¡Qué demostración de AMOR
tan grande Dios realizó!
Encarnado en Jesús
de aquella ley nos libró.

En Jesús, como maestro,
nos enseño que la ley
se cumple en el AMOR
y lo demostró muy bien.

Mas solo la bendita gracia
derramada en nuestro ser
nos ayudará a vivir
ese AMOR potente y fiel.

El AMOR que es verdadero
comienza en nuestro interior,
lo que nos puede llevar
a amarnos en primer lugar.

Pues solo así lograremos
el poder amar a otros
con la misma intensidad
del AMOR que está en nosotros.

Esto nos mueve además,
a cumplir la Regla de Oro:
como quieres ser tratado,
así trata tú a otros.

La gracia es sobre la ley;
esta noticia especial
la trajo nuestro maestro;
no lo debemos dudar.

Pues en su infinita gracia
nos ha dado su AMOR,
que es su bendita ley
en la cual no hay temor.

A diario agradezco a Dios
porque en su infinita gracia,
nos dejó su nueva ley,
que es AMOR, y eso nos basta.

CREER EN DIOS Vs. CREERLE A DIOS

Muchos creen que hay un Dios
Creador del Universo;
pero no le creen a Él,
lo que siento que es penoso.
Si creemos en un Dios
que es todo poderoso,
¿por qué dudar que su mano
extendida trae reposo?

Él espera que sus hijos
reconozcan sin dudar,
que en Él hay provisión
que debemos reclamar.
Pero hay un requisito
que no debemos obviar,
que es establecer contacto
creyendo que Él va a escuchar.

Los que vivimos así
podemos testificar
de las ricas bendiciones
que Dios provee sin parar:
salud, prosperidad,
gozo, paz y la armonía
y una gran felicidad
que nos quita la agonía.

Hay que despertar del sueño
que impide el reclamar
las bendiciones preciosas
de un Dios que puede amar
sin barreras, a toditos
los dispuestos a creer
que en su AMOR infinito,
Él les va a proveer.

Creer en Dios está bien,
pero hay que ir más allá;
hay que creerle a Él
porque Él es fiel en verdad.
Y esto te podrá llevar
a la vida abundante
que Dios en Cristo te ofrece;
y así saldrás muy triunfante.

EL MEJOR DÍA

Afirmo que hoy es el día mejor
en el que despierto y mis ojos abro,
y mi pensamiento centro en mi Dios;
mi guía perfecta y mi proveedor.

Alabo su nombre, convencida siempre
de que sus promesas me dan el reposo,
al saber que aquí no hay que temerle
a aquello que llegue a quitarme el gozo.

Si Cristo está en mí, lo cual prometió,
que es la garantía de todo estar bien,
no sería posible vivir en temor
pues ese se extingue con su gran AMOR

Afirmo creyendo todo lo que he dicho,
y centro mi vida en el gran AMOR
de mi Dios perfecto que es el Creador
del gran Universo en que moro hoy.

Su especial AMOR me lleva a esperar;
y en la confianza que Él no va a fallar,
a diario recibo ricas bendiciones;
pero sobre todo una paz especial.

Esta experiencia me lleva a mostrar
que el Dios infinito es la realidad,
y que sus promesas de paz y perdón
son ciertas y firmes, y de gran bendición.

Cantaré a su nombre y le alabaré
por su AMOR divino que quita el temor
para que otros sepan que ese gran AMOR
no es un mero mito, es Dios en acción.

EL GRAN PROVEEDOR

¿Por qué tratar de buscar
más allá de las estrellas,
alivio para el dolor
si ese está en nuestro interior?

Centremos la mente en Dios
quien nos dejó la promesa
de nunca dejarnos solos;
pensemos en sus proezas.

Si antes de crear al hombre
proveyó para el sustento
de todas sus necesidades;
lo dicho aquí no es un cuento.

¿Pero qué estará pasando
con los seres que Él creó
que aún viven preocupados
dudando que hay provisión?

Mas los que lo han entendido
viven sin preocupación,
centrados en el espíritu
que es donde está la bendición.

Activando la fe viva,
afirmamos sin dudar,
que todo lo necesario
se va a manifestar.

Esta ha sido la vivencia
de todos los que así creemos;
vivimos llenos de paz,
y en gozo nos recreamos.

Gracias a Dios por su bondad,
y gracias por la inspiración;
y espero que con ella otros
entiendan su buena intensión.

La intensión de ver sus hijos
viviendo en felicidad,
con salud y bienestar
dicha y prosperidad.

Él está manifestado
en Cristo, su hijo amado,
y ofrece vida abundante,
en un fluir que es constante..

Despertemos de ese sueño
que impide el manifestarse
esa provisión gloriosa
que a sus hijos Dios ofrece.

EL AMOR FRATERNO

¡Cuán precioso sería el poder comprender el amor FRATERNAL! Como ya les había explicado en el prólogo este es el amor entre hermanos. Pero qué penoso es ver la forma en que muchas veces los humanos nos tratamos unos a los otros! Los prejuicios raciales, religiosos, políticos, de estratos sociales, y tal vez de otra índole, han sido la causa de tantas injusticias. Muchas veces, aún en nombre de Dios, se han cometido injusticias crazas que han llevado a muchos a la rebeldía, o tal vez al ateísmo, o a un sentido de dolor, de tristeza y de inseguridad.

¿Y de dónde salen esos prejuicios? Pues esos prejuicios son el producto de seres cuyas conciencias están rebosando de mala información. Lo que escuchamos, observamos y palpamos nos lleva a emitir juicios sin una base sólida de ello. Esta ha sido mi observación por muchos años, lo cual me ha llevado a respetar a mi semejante sin importar su credo, su raza, su color, su posición social, o cualquier otra descripción, porque he comprendido que, aunque somos diferentes, todos somos hermanos.

Los prejuicios, de la clase que sean, deben ser erradicados de nuestra conciencia. Éste ha sido el causante de tantas injusticias cometidas por personas que se creen superiores a los de alguna otra raza en particular, o de otro estrato social, o religioso, y así sucesivamente. Pero, ¿cómo se sentirían ellos en los zapatos de la otra persona? Si comprendiésemos la importancia del amor FRATERNAL, cesarían los prejuicios en el mundo. Ahora bien, ¿sería posible que la persona que ha sido víctima de alguna clase de prejuicio activara su amor por ese posible enemigo? Pues lo que he observado en muchos de ellos es un sentido de rebeldía que los lleva al rencor y al desprecio. Y yo me pregunto: "Tendrán ellos razón para sentirse de ese modo?" Pues claro que sí.

Aunque comprendo que no es fácil olvidar las atrocidades que los prejuicios han acarreado en muchos, creo que con la ayuda de Dios, sí, se puede. Jesús, quien es nuestro maestro por excelencia, expresó en pocas palabras un mensaje muy poderoso. Él dijo: "**Amad a vuestros enemigos, bendecid a los que os maldicen, haced bien a los que os aborrecen, orad por los que os ultrajan y os persiguen.** (Mateo 5:44) Si esas personas que han sido, o tal vez están siendo víctimas de cualquier tipo de prejuicio, entendieran la paz y la felicidad que se experimenta al perdonar a sus ofensores, sé que buscarían la forma de lograrlo.

Lo que muchas veces nos impide el poner en práctica este consejo es que, para lograrlo, nos tenemos que vestir de **humildad** lo cual se confunde a veces con debilidad. Si aplicamos lo que Jesús nos dice sobre la humildad, nos daremos cuenta que vale la pena intentarlo. Él nos ha dicho que **el que se enaltece será abatido, mas el que se humilla será enaltecido.** (Mateo 23:12) Nosotros podemos cambiar a muchos si concentramos nuestro pensamiento en que con Dios todo es posible. Yo he sido testigo de ello, al igual que lo he experimentado a través de toda mi vida. Pero lo grandioso de esto es la **paz** y la **satisfacción** que podemos experimentar al observar cómo las personas mejoran sus actitudes hacia uno, y tal vez hacia los demás.

Hace un tiempo atrás iba de viaje desde el estado de la Florida hasta el estado de Ohio y el autobús hizo escala en uno de los pueblos a nuestro paso. Al llegar ahí, tuvimos la oportunidad de bajarnos para saciar alguna necesidad física. Al yo tratar de salir, noto a una señora que intenta subir, y le digo: "Señora, por favor, me podría dejar salir?" La señora muy molesta me dice: "Oh no, usted vire hacia atrás." Y muy humildemente viré, le permití entrar, y luego salí.

Al regresar, noto que ella está sentada en mi asiento y le digo: "Señora ese es mi asiento." "Oh no, usted aquí no tiene asiento reservado." Pues no tuve otro remedio sino sentarme dos asientos al frente de ella. Mas ella no se callaba; seguía hablando y murmurando sobre el asunto. De momento me levanto de mi asiento y me dirijo a hacia ella, y al verme me dice: "¿Usted va a seguir insistiendo...? A lo que le contesté: "No Señora, vengo a pedirle disculpa por el mal rato que le he causado."

Regresé a mi asiento. Pero al llegar a Ohio, ella se me acercó y me dijo: "Yo le debo a usted una disculpa. Perdóneme." Yo recibí su disculpa que muy humildemente me expresó, con una sonrisa, y le dije: "No se preocupe." Y mientras recibíamos el equipaje estuvimos hablando lo más tranquilitas, y se despidió de mí en una forma muy agradable.

El exponer este incidente no tiene la intensión de jactancia, sino un ejemplo de los cambios que nosotros podemos lograr en la otra persona si nos humillamos un poco. Mediante la humildad podemos lograr el acatar un consejo que el apóstol Pablo nos dejó que es **venced con el bien, el mal.** (Romanos 12:21) De este modo podemos lograr el perdonar al ofensor, algo que es muy poderoso para llevar una vida en reposo; aunque comprendo que no es fácil. Solamente concentrándonos en la realidad del amor que es Dios, podremos lograrlo.

Y regresando al tema; existen varias formas de mostrar prejuicios, y una de ellas es relacionada con la forma en que hablamos. Debemos estar conscientes de que aún en un mismo país existen diferencias en el vocabulario. Como por ejemplo: En mi país Puerto Rico, que es una isla relativamente pequeña, se puede notar que hay diferencias en el uso de algunas palabras. ¡Cuanto más se podría notar en países con una extensión mayor! Muchas veces han sucedido malos entendido porque alguien ha expresado una palabra que en el país de la otra persona, o tal vez del área de donde viene, puede que sea una grosería, o tal vez se considere una palabra usada incorrectamente, lo cual puede redundar en un conflicto de ideas. Pero si somos entendidos, podemos preguntar a qué se refiere, y así aprender unos con los otros para evitar este tipo de situación.

Otra forma de prejuicio que he observado es el juzgar a las personas por su país de origen. He escuchado personas juzgar a todos los que han llegado de algún país en específico, de la misma forma, al dejarse llevar porque alguien de dicho país no fue lo que se esperaba, lo cual muchas veces tiene que ver con alguna opinión escuchada al azar. Por tal razón es necesario el reconocer la individualidad de cada persona. Cuando nos concentramos y reconocemos que todos nosotros fuimos creados por el mismo Dios, y que en todos existe la chispa de vida dada por Él, podemos comenzar a amar con el mismo amor con que Dios nos ha amado.

Es muy bonito el poder relacionarnos con personas de otras culturas, con respeto y consideración, pues nunca se sabe, si en un momento dado, esa persona es nuestro apoyo. A parte de esto, aprendemos que existen seres diferentes, con culturas distintas a la nuestra, lo cual personalmente considero un privilegio. Yo he tenido la oportunidad de visitar varios países y la experiencia ha sido maravillosa. Mi opinión es que todos somos hermanos sin importar de donde seamos, el color de la piel que tengamos, el estrato social al que pertenezcamos, las creencias religiosas, los idiomas, o cualquier otra descripción habida y por haber.

El día en que la raza humana en general reconozca la individualidad de cada ser humano, y la respete, podremos decir que hemos conseguido la paz mundial. Tal vez usted pensará que eso nunca podrá ser, y no lo puedo culpar por ello; pero sí, hay algo que podemos hacer, y es que, individualmente dejemos salir una gotita de amor y comprensión hacia nuestro semejante, lo cual se propagará hacia otros, y poco a poco veremos algún cambio a nuestro alrededor.

También he observado por toda mi vida cómo algunos de los seres humanos, por motivo de los prejuicios, juzgan a todos los de una raza de igual modo, lo cual por años he detestado. Un ejemplo de esto es el siguiente: Cuando era una niña escuché varias personas que llegaban de los Estados Unidos de Norte América a mi país expresarse muy negativamente sobre los ciudadanos de la raza negra, y aún siendo tan pequeña, pensaba: "¿Será posible que toda una raza sea mala?" Pero me llegó el momento de ver la realidad. A los veintitrés años de edad me mudé a Nueva York y comencé a trabajar en un lugar donde, en el área en que yo trabajaba, la mayoría de los empleados eran de la raza negra.

Ahí pude notar un aprecio hacia mi persona tan especial, que me llevó a comprobar lo contrario a lo que había escuchado con relación a ellos.

El que haya en cualquier raza personas con malas actitudes, puede ser cierto; pero ¿por qué considerar al resto de ellos de igual modo? Creo enfáticamente, que el mostrar una actitud de comprensión al reconocer que tal vez esas personas hayan sido víctima de alguna injusticia, y por tal razón estén a la defensiva, nos puede mover a mostrar aunque sea un poquito de nuestro amor hacia ellos, y así darles la oportunidad de darse cuenta de que no todos los juzgamos. El tratarlos con respeto y consideración tal vez los motive a despertar el amor de Dios que está en ellos y así comenzaría en ellos el proceso para el desarrollo de un buen carácter.

Al pensar en las palabra de Jesús cuando dijo *que debíamos amar a nuestro prójimo como a nosotros mismos*, me vino al pensamiento la siguiente pregunta: ¿Qué conlleva el amar al prójimo como a uno mismo? Y la reacción a mi propia pregunta fue la siguiente: El que se ama así mismo, no se hace daño. Esa persona se cuida en todo el sentido de la palabra, y se respeta, lo que significa que no incurre en hechos que les pueden afectar adversamente. Mas lo triste del caso es que muchos jóvenes caen en las garras de los vicios al sentirse frustrados por la vida que les ha tocado vivir. Y espero que no me malentiendan. No es mi intensión expresar que su conducta desviada debe ser excusada. Lo que me propongo es enfatizar que muchas veces esto sucede por la falta de amor y comprensión de parte de los adultos responsables de su crianza.

Es muy importante el conocer que los seres humanos nacemos con la necesidad de recibir afecto lo cual, si de alguna forma se descuida, nos puede afectar adversamente. Por eso es que es tan importante el mostrar AMOR en todo el sentido de la palabra. Si esta necesidad no es suplida desde el nacimiento, el ser humano se va a sentir desplazado. Esto quiere decir que se le hará difícil el adaptarse a su medio ambiente.

Mas si por el contrario, demostramos amor y comprensión, y sobre todo respeto, así ellos van a tratar a los demás. El amor se refleja en las palabras que usamos y en la forma en que corregimos al muchacho.

Es por esta causa que las palabras negativas y los castigos desmedidos deben ser erradicados de cualquier método de corrección utilizados por los padres, o por cualquier persona encargada del cuidado de ellos, ya que esto los puede llevar a la rebeldía. Y no estoy diciendo que no se deben corregir, pero se debe hacer con cautela, y dándoles siempre a entender que si los corregimos, es porque los amamos, para que su autoestima no sea afectada adversamente. Esto los inspirará a amarse a así mismos, para así poder amar a los demás, lo cual redundará en el cumplimiento de la REGLA DE ORO que Jesús nos dejó: *" Así que todas las cosas que queráis que los hombres hagan con ustedes, así también haced vosotros con ellos, porque esta es la ley y los profetas."* (Mateo 7:12) Mi mamá lo decía de la siguiente manera: "No le hagas a nadie, lo que no te gusta que te hagan."

En mi opinión, creo que si las personas encargadas de criar niños trataran de mostrarles un poco más de afecto, lo cual conlleva el mimarlos, abrazarlos, celebrar su ocurrencias, las que sean positivas, y corregir las que sean incorrectas, ellos desarrollarán amor propio, y así podrán amar a los demás como a ellos mismos.

Insisto en que una actitud de respeto y consideración puede despertar en los seres humanos una conciencia social positiva y así evitar tantas injusticias que se cometen por causa de los prejuicios, y/o por la falta de comprensión, y amor de parte de las personas encargadas del cuidado de los niños, los cuales son los adultos del mañana.

El AMOR nos puede llevar a ser mejores padres, madres, hermanos, abuelos, amigos, maestros, y así sucesivamente, porque el AMOR es el vínculo de la perfección. Con este mensaje introduzco los poemas relacionados al amor FRATERNAL.

HAY AMIGOS COMO HERMANOS

El amor entre hermanos
es algo muy especial;
pero no hay que negar
que hay amigos como hermanos.
Porque ¿quién podrá decir
quien es en verdad su hermano?
Pues su hermano puede ser
aquél que esté más cercano.

Los hermanos muchas veces
se distancian de nosotros,
ya sea porque se casan
y se mudan de la casa.
O tal vez se van de viaje
a otras tierra lejanas,
mas si tenemos amigos,
disimularán su ausencia.

No olvidemos que un amigo
tal vez siempre nos apoye
en lo que hayamos propuesto
para en la vida triunfar;
pero también nos corrige
si nota que hemos errado,
y con amor y paciencia
nos muestra cómo triunfar.

Pero una buena amistad
debe ser correspondida,
entendiendo que amistad
no es sinónimo de abuso.
Por eso en todo momento
debemos siempre apoyar
a ese amigo muy querido
que en nuestro camino, Dios puso.

PALABRAS DE CUATRO LETRAS

Hay tres palabras muy cortas,
pues solo traen cuatro letras,
mas aunque son tan pequeñas,
pueden ser muy poderosas.

Una de ellas es **celo**
el que hace ver lo que no es,
que juzga sin evidencia
y a muchos lleva al desvelo.
Nunca podrá ser feliz
el que a este extremo ha llegado,
pues hará que el ser amado
se le aleje de su lado.

La otra palabra es **odio,**
el que produce agonía,
pues al ver al ser odiado
lo maldice noche y día;
sin querer reconocer
que el odio no le hace daño
a la persona odiada,
sino al que la está odiando.

Mas la palabra **AMOR**
con sus cuatro letresitas
es mucho más poderosa
porque echa afuera el temor.
También rompe las barreras
de odio y celo desmedidos
y sana toda herida
infundida por la vida.

Activemos ese **amor**
que en nuestros espíritu está
y viviremos mejor
llenos de felicidad.

RESPETO Y CONSIDERACIÓN

Respeto y consideración,
dos virtudes poderosas
que hacen de nuestra vida
una cosa muy dichosa.
Ellas pueden arreglar
las relaciones dañadas,
al igual que la traición
no tiene en ellas posada.

Esa consideración
nos lleva siempre a pensar
antes de las decisiones
que vayamos a tomar.
Ella nos indicará
si con esa decisión
a alguien en el camino
lo podremos afectar.

Pues muchos de los humanos,
sin pensar en los demás,
sino pensando en cuánta
ventaja podrían sacar,
destruyen el bienestar
que otros seres ya disfrutan;
pero a la larga, señores,
lo que siembran segarán

Por eso es que ante todo
demostremos que el respeto
es un arma poderosa
que no se debe ignorar.
Y mezclando esa virtud
con la consideración
seríamos todos dichosos
en un mundo sin igual.

VENCED CON EL BIEN EL MAL

Venced con el bien el mal son palabras poderosas
que Jesús en su mensaje nos ha dado a conocer.
También el apóstol Pablo lo repite en sus escritos,
pero a lo mejor dirás: "Eso para mí es un mito."

Mas hoy yo quiero decirte, si en verdad quieres llevar
una vida en reposo y llena de tranquilidad,
que pongas en práctica este consejo especial
y verás que lograrás con el bien vencer el mal.

No olvides que los humanos, por simple debilidad,
muchas veces se concentran en juzgar a los demás,
sin tener misericordia tratan de hacerles mal,
pero recuerda que ellos lo que siembren segarán.

Pero tú siembra amor, respeto y lealtad
y también recibirás la cosecha deseada.
Pues el que dijo una vez venced con el bien el mal
dijo además, lo que siembres, eso mismo segarás.

Y en el correr de la vida a conclusión llegarás
que siguiendo este consejo tú vivirás muy tranquilo.
Aprende a perdonar y a olvidar lo negativo,
concentrando tus esfuerzos en todo lo positivo.

Y al final podrás decir aquí nada ha pasado,
al observar con asombro cómo tu vida ha cambiado;
lo que te hará pensar que valió la pena escuchar
a aquel que un día dijo::" Venced con el bien el mal."

UNA BUENA ACTITUD

El mostrar buena actitud nos lleva siempre a triunfar,
pues las malas actitudes las puertas han de cerrar.
Pensemos en que el tiempo recompensa nos traerá,
si la vida confrontamos con fe y con sinceridad.

Una actitud positiva que salga de nuestro ser
puede una vida cambiar por el grato proceder.
Pues muchos andan por ahí con sus malas actitudes
tal vez por no encontrar a quien les pueda entender.

Ya sean niños, ancianos, jóvenes, o alguien más,
andan buscando cariño que negado les fue ya;
y como no podrán dar lo que a ellos no le han dado,
solo actúan como saben, lo cual los ha afectado.

No te desanimes nunca sino muestra tolerancia,
si es que estás interesado en una vida cambiar.
La constancia y la razón con una buena actitud,
podrán hacer maravilla para tu meta alcanzar.

Luego hacia atrás mirarás y verás la diferencia
de aquel ser que tú creías nunca mostraría virtud.
Lo mirarás con amor y con mucho regocijo
al ver cuánto ha cambiado, y todo por tu actitud.

Por eso con mucho empeño deseo dar mi consejo
a los que a diario luchan por cambiar la humanidad;
pero hay que comenzar por cambiar nuestra actitud
reflejando a nuestro paso vidas llenas de virtud.

EL PERDÓN

Pedir perdón o perdonar
para muchos es difícil
porque no se han dado cuenta
lo grandioso de esta acción.

El perdón rompe barreras
de odio e indiferencia,
y sana los corazones,
y al alma da fortaleza.

No es fácil, no señor,
pero el que pueda lograrlo
habrá cerrado una herida
y así mismo se ha sanado.

Un corazón que está enfermo
lleno de odio y rencor
jamás sentirá la paz
que el perdón le puede dar.

El de humilde corazón
puede, si es el que ha ofendido,
acercarse a la persona
y pedirle su perdón.

O si es él, el ofendido
también puede perdonar
y con eso logrará
vivir su vida tranquilo.

No hay cosa más bonita
que vivir en plena paz;
mas para que eso suceda
hay que amar y perdonar.

COOPERACIÓN

Cooperación: palabra poderosa
que nos lleva a descubrir
que somos indispensables
durante nuestro existir.

Muchos no se han percatado
de lo lindo que es vivir
ayudando y cooperando
para poder subsistir.

Pero los que lo entendemos
somos muy agradecidos;
siempre buscando ayudar
y también siendo ayudados.

Pues en la ley de la vida
lo que uno siembra cosecha,
al sembrar cooperación,
segaremos bendición.

Y así toditos unidos
en pro de la humanidad,
venceremos esos retos
que la vida a diario trae.

Y el mundo será un lugar
lleno de tranquilidad;
cooperando unos con otros
esto se podrá lograr.

LA BOCA

Cuando se habla de la boca
tal vez se piensa en comer,
beber y también hablar,
besar y además cantar.

Pero cabe explicar
que la boca es un miembro
que sirve para algo más:
nos bendice, o hace daño.

Dijo el sabio Salomón
que la vida y la muerte
en nuestra boca están
y en eso tiene razón.

Lo que hablamos cada día
tiene grandes consecuencias;
por eso antes de hablar
es necesario pensar.

Si hablamos lo negativo
eso vamos a tener.
Luchas, miedos y afán
con nosotros han de estar.

Mas si logramos pensar
en todo lo positivo,
lo que contiene virtud
en nuestra boca ha de estar.

Hay que usar la compasión
con el que esté a nuestro lado,
y con palabras de amor
mostrar de Dios el cuidado.

No juzgarlos sin piedad
sino dejadles saber
con nuestra forma de ser
que Dios quiere su amistad.

Y al abrir nuestra boca
usando un buen proceder
ellos tal vez notarán
que Dios mora en nuestro ser.

Por eso usaré mi boca
para expresar gratitud
en versos, cantados o escritos,
que muestran su gran virtud.

PREJUICIO RACIAL

¡Cuánta tristeza me da diariamente al escuchar
comentarios de otras razas que causan mucho dolor!
¿Por qué no mejor pensar que nadie tiene la culpa
de nacer en donde nace, de su raza o su color?

No debemos olvidar que si somos lo que somos
es pura causalidad del destino que le place
traer a la humanidad, sin tener la cortesía,
de preguntarle a las vidas en dónde quieren nacer.

Tampoco preguntará de qué color quieren ser,
si quieren una mansión o una choza en qué nacer.
Por eso nunca debemos juzgarlos por su vivir,
sino comprender sus vidas y respetar su existir.

Uno debe de pensar en cómo se sentiría
en los zapatos de aquel que nació de otro color,
o que nació en otra tierra, con otra ciudadanía
para respetar su origen que no fue su decisión.

Pensando de esta manera viviremos más felices,
dándonos siempre la mano para adelante salir.
Cooperaríamos en todo, y habría confraternidad
que es algo muy necesario para la felicidad.

No obstante lo que he dicho nunca será una exigencia,
pues cada cual juzgará como le dicte su conciencia.
Esta ha sido mi experiencia al tratar con los humanos,
pues a todos por igual considero mis hermanos.

HONOR A MIS TRES RAZAS

Hoy yo dedico mis versos a las tres razas que un día
se unieron en un conjunto que en mí unos rasgos pondrían.
Esas tres razas que un día hicieron ese milagro
son la del indio y el blanco y además la del negro.

De cada una de ellas tengo algo que heredé
que me hicieron lo que soy desde antes de nacer.
Del indio heredé la piel que es muy suave y bronceada,
pero fuerte contra el tiempo sea lluvia, sol o viento.

Tengo mi cabello lacio con vueltitas en la punta,
mezcla del indio y del negro, y en esto no hay disputa.
Mis orejas son de negro, chiquititas y duritas,
y además la nariz que es algo aplastadita.

¿Y del blanco qué heredé? Si nadie lo ha notado;
pero sé que ahí está en mi ser disimulado.
Mas lo importante de todo ese conjunto de rasgos
es que toditos unidos un ser humano han logrado.

Un ser que es tan especial, como todos los demás,
sean blancos, rojos, negros, amarillos, o algo más.
¿No son todos igualitos los rasgos del interior?
Y la sangre de toditos, ¿no es del mismo color?

Debemos sacar del medio esos prejuicios raciales
que corrompen la armonía y acarrean muchos males,
para así reconocer la vida que nos ha dado
nuestro Dios que quiere vernos felices y muy amados.

COSAS DEL IDIOMA

La vida en ese país que llamamos Norte América
puede que sea difícil, para muchos una lucha.
Pero hay algo que a mí me ha inspirado con empeño
unos versos que a su paso pueden ser su fortaleza.

Algo que a mí me ha inquietado y me ha causado molestia
es observar cómo algunos de nosotros los hispanos,
en lugar de respetarse, se dan a la gran tarea
de criticarse y burlarse, en vez de darse la mano.

¡Qué importa cómo se dice algo en otro país!
Si lo dicho lo dijimos, pues lo aprendimos así.
¿Por qué mejor no preguntan qué eso quiere decir
para que en otra ocasión haya comunicación?

Lo que hablo cada día lo aprendí donde nací,
y yo no soy responsable, si no me entienden a mí.
Mas si fueran compasivos tratarían de aprender,
cómo se dicen las cosas en diferente país.

Yo digo con mucho orgullo que hablo muchos idiomas:
hablo mi puertorriqueño, el mejicano, el cubano,
también el guatemalteco, el dominicano, el chileno,
además venezolano, el argentino y más.

Esto que le estoy diciendo parecerá estupidez,
pues usted hoy me dirá que esos, idiomas no son.
Pero esto lo he expresado en una forma jocosa,
pues así me comunico en forma maravillosa.

Y sabe usted cómo aprendo a entender a mis hermanos?
Pues cada vez que me hablan, si no comprendo el vocablo
pregunto a qué se refiere con esa nueva expresión,
y al explicarme el vocablo, aprendo otra lección.

Con esto quiero decir que aprendamos cada día
a respetarnos y a amarnos para así darnos la mano.
Pues los idiomas, señores, son para comunicarnos,
y aprendiendo unos de otros, nos veremos como hermanos.

NUESTROS RETOÑOS

Los hijos son los retoños que a nuestro paso dejamos,
así como cada árbol también el suyo ha dejado.
Retoños que algún día también dejarán los suyos
pero para dar buen fruto, deben de ser cultivados.

Esos árboles preciosos que a través de todo el año
ricos frutos van dejando que saciarán a la gente.
Con su sombra nos protegen y refrescan el ambiente
y adornan el panorama con su forraje imponente.

Además con su simiente se multiplica su especie
para que siempre por ellos tengamos sombra y deleite.
Cada árbol deja huellas, pues sus fértiles retoños
forman esos bellos bosques que oxigenan el ambiente.

Esos retoños, mi hermano, que han salido de nosotros,
también pueden ser capaces de mucho fruto llevar.
Con su conducta mostrar respeto y comprensión,
y puede que a alguna vida, les inspire a cambiar.

También pueden sustentar a alguna alma hambrienta
de amor y de comprensión, cariño y aceptación;
pues muchos andan por ahí sin rumbo ni paradero
buscando quien los acoja y les muestre compasión.

Pero para que ese fruto en sus vidas se refleje,
hay que servirles de ejemplo que ellos puedan imitar;
pues como a ellos tratemos así ellos tratarán,
por eso nuestros retoños debemos de cultivar.

MADRE POR EXCELENCIA

Mujer llena de virtud,
Amorosa y compasiva,
Dedicada y cuidadosa,
Responsable y entendida,
Empeñada en la excelencia.

Que sabe reconocer cuando activar la paciencia
para tratar con los hijos que en sus manos puso Dios.
La que busca estrategias para corregir sus hijos,
y con amor y diligencia los guía por buen camino.

Ella puede adivinar si algo a sus hijos preocupa
y siempre estará dispuesta para su ayuda brindar.
No sin antes acercarse y brindarles su confianza,
pues sólo así logrará que ellos sientan su franqueza.

Ella no tiene fronteras, sino lucha hasta alcanzar
la meta que se ha propuesto y se empeña en realizar:
la de guiar a sus hijos por el camino ideal,
lo que le dará descanso a toditos por igual.

El ser MADRE es la misión
más sublime que ha existido;
por eso, MADRES queridas
hacedlo con devoción.

EL HONOR DE SER MADRE

Ese honor, el de ser madre, no lo podemos negar,
y la experiencia nos dice que no hay otra cosa igual;
pues contemplando los hijos desarrollar las destrezas
necesarias en la vida nos sentimos orgullosas.

¡Qué cosa maravillosa es poder velar su sueño,
cantarles una canción o narrarles algún cuento!
Eso ellos nunca olvidan, ya que quedará grabado
en sus mentes para siempre, y nunca les será borrado.

Tampoco olvidarán cuando llenas de amor
los guiamos a vivir llenos de tranquilidad,
siguiendo las enseñanzas que recibimos de Dios
las que ellos seguirán y tendrán felicidad.

¡Cuánta alegría nos da el poder verlos triunfar
en todo lo que le llega a sus manos para hacer!
Especialmente si hemos prestado nuestra atención,
y le hemos dado la mano para lograr su misión.

Con nuestro ejemplo a seguir ellos vivirán mejor,
pues una acción vale más que una conversación;
por eso nuestra misión se hace con proceder,
y por el conocimiento vivirán sin padecer.

QUÉ ES SER PADRE

Padre, ¿Qué es ser padre? ¿Será traer al mundo un ser?
¿O será cumplir los deseos que a su paso quiera tener?
¿A caso será exigir que tenga un gran futuro
sin importar ni un instante cómo lo ha de obtener?

El ser padre es mucho más de todos esos cuidados:
Es llevarlos de la mano mostrándoles el camino
donde encontrarán abrojos, piedras, y aún espinos
que endurecerán sus pies para caminar seguros.

Es no perder la esperanza mientras ellos van creciendo,
sino ser un buen ejemplo de lo que se esté exigiendo,
pues en ese gran proceso de levantar a los hijos,
pesa más lo que se hace, que lo que se esté diciendo.

Es amarlos y entenderlos aún cuando en su camino
han podido resbalar y caído en un desliz;
no obstante poder tratar con su situación actual
haciéndoles comprender el precio de su desliz.

El ser padre es muy precioso y muy remunerativo
si seguimos la enseñanza del sabio Salomón,
que es el que nos da consejos para criar buenos hijos,
lo cual, si así lo hacemos, vivimos con regocijo.

Uno de esos consejos que ese gran sabio nos da
es que el padre que ama a su hijo madrugará a corregirlo,
y la intensión poderosa incurrida en esta ciencia
es que a su temprana edad lo guíes a la obediencia.

Nunca dejes de ser padre aún cuando estés ausente
por alguna situación que has tenido que enfrentar;
pues no es de los hijos la culpa de lo que haya sucedido;
lo que haya sido no importa, ¿por qué tendrán que pagar?

No olvides que el ser padre, dependiendo cómo lo hagas,
la vida se encargará de traerte recompensa;
pues un día llegarás a tu condición de anciano,
pero si has sido buen padre, tus hijos te darán la mano.

LOS ABUELOS

Andando el tiempo llegamos a la condición de abuelos,
Bien conscientes de saber que eso trae felicidad.
Una vez llegan los nietos, los miramos como nuestros,
Esperando muy ansiosos por siempre tenerlos cerca.
Los observamos, y admiramos todas sus curiosidades.
Orgullosos nos sentimos mirándolos madurar,
Sabiendo que esos retoños nuestro mundo han de heredar.

No obstante también debemos ayudar a corregir
lo que no esté correcto, y lo bueno aplaudir.
Esto les traerá algún día una gran seguridad
y así todos sentirán una gran felicidad.

No olvidemos que en la unión es que la fuerza está,
por eso vamos a unir las fuerzas para educarlos ;
pues si todos cooperamos llegaremos a alcanzar
la inconfundible tarea de buenos seres criar.

Así, queridos abuelos, unidos por la verdad,
seremos remunerados al saber que con lealtad
al final hemos logrado buenas criatura criar
y ese orgullo llevaremos por toda la eternidad.

GRANDIOSA VOCACIÓN

Maravilloso el momento en que escogiste ser maestro,

Anhelando en tu interior muchas vidas moldear;

Esperando muy confiado que esa meta alcanzarás;

Sintiendo dentro de ti que te lo agradecerán.

Toma a diario tu tiempo y analiza tus acciones;

Respeta sus diferencias y trátalos con paciencia; y

Orgulloso vivirás por toda la eternidad.

Esta vocación grandiosa
muchos la han subestimado,
no comprendiendo el alcance
que ella nos está brindando.

El ser maestro, mi hermano,
es una misión muy grande;
pues sin ella no habrían otros
trabajos ni profesiones.

El maestro es aquel
que establece el fundamento
sobre el cual se construirá
la educación y el carácter.

Por ellos casi no existen
en el mundo analfabetas,
pues aunque sea un poquito,
todos conocen la letra.

Ellos deben ser honrados
y muy bien remunerados,
porque sin ellos, señores,
no tendríamos cuidados.

Nota: Este poema se puede cambiar para dedicarlo a las **maestras** terminando la última línea del acróstico de la siguiente manera: **Al final de tu jornada regocijo sentirás,** en lugar de Orgulloso vivirás por toda la eternidad.

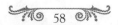

DEFENSA A LA JUVENTUD

Hoy en día mucha gente, debido a sus prejuicios,
piensa que los jóvenes no están mostrando virtud;
mas mi propia experiencia a tratar con muchos de ellos,
me ha llevado con empeño a defender la juventud.

Yo he tenido la dicha de estar muy cerca de ellos
por ser una educadora que ha honrado su misión,
y he notado cuánto saben de la vida y su luchar,
y cómo tratan a diario con su buena educación.

Es muy triste escuchar cómo algunos los juzgan
sin darles la oportunidad de demostrar con sus hechos,
que no todos por igual se conducen sin valores,
pues aún hay muchos de ellos que respetan los derechos.

No debemos olvidar que muchos de ellos son
el penoso resultado de miseria y mal ejemplo,
que les impidió llegar a desarrollar valores
necesarios en la vida para el buen comportamiento.

Es apremiante que aquellos adultos que los rodean,
en lugar de criticarlos y denigrar su carácter,
debemos tomar el tiempo para ayudarlos a crecer,
y así, con nuestro ejemplo, ellos podrán aprender.

Por lo tanto los maduros debemos estar conscientes
de esta grande realidad para no juzgar jamás,
sin conciencia y sin amor a esa gran comunidad;
pues si todos cooperamos, ellos lo agradecerán.

EL LICOR, TERRIBLE INVENTO

El licor, terrible invento
que por siglos ha existido;
que para muchos es la chispa
que enciende su deleite vivo.
No obstante puede traer
dolor y gran malestar;
pues su uso desmedido
le limita el buen pensar.

Por él muchos hoy no existen
porque un fatal accidente,
que provocó un indolente,
su hermosa vida ha tronchado.
Y ha dejado atrás tristeza
dolor y gran frustración
a sus deudos que por años
no tendrán consolación.

Muchos hogares se han roto
por motivo de ese vicio;
pues se enfrascan en porfías
y también en griterías
y la violencia desmedida
no la pueden contener
destruyendo así la paz,
que es la que trae felicidad.

Los hijos se desalientan,
muchos no saben qué hacer
deseando poder ver
sus padres en armonía.
Y así pierden la alegría
de poder comunicar
sus anhelos y cuidados
a aquel que les dio su ser.

Pero lamentablemente
el borracho adormecido
jamás podrá razonar
para su vida cambiar.
No sabe que es más bonito
vivir en la sobriedad
pues así disfrutará
la vida en tranquilidad.

Por eso doy mi consejo
a aquellos que aún vive sobrios;
no se dejen convencer
por alguien que se lo induzca;
sino traten de poner
en práctica este consejo;
y así se podrán mirar
y sonreír al espejo.

El poema, a continuación está inspirado en el amor propio
porque como ya había dicho, para amar a los demás debemos
comenzar amándonos a nosotros primeramente.
El amor propio debe estar desarrollado al llegar a la juventud.
El famoso poeta Rubén Darío consideró la juventud como un divino tesoro.
De ahí sale el tema del poema a continuación.

UN DIVINO TESORO

"¡Juventud, DIVINO TESORO!"
esto lo expresó un poeta;
un verdadero tesoro
pero a muchos no le importa.

Ellos no se han dado cuenta
que ese divino tesoro
no durará para siempre
y de él han abusado.

Mas los que lo han apreciado
sus mentes han cultivado
con pensamientos de vida
basados en lo sagrado.

Éstos a diario meditan
en esas leyes divinas
que es el código sagrado
que los llevará a la cima.

Así pueden escapar
de tentaciones carnales,
y lograrán disfrutar
bendiciones eternales.

Esas bendiciones son
gozo, paz, prosperidad,
fe, esperanza y amor,
y esto trae felicidad.

Con este caudal glorioso
de estas ricas bendiciones
se podrá ayudar a otros
a controlar las pasiones.

Una buena actitud
durante la juventud,
es la clave poderosa
para vivir con virtud.

Juventud, divino tesoro,
¡cuántos te han menospreciado!
Mas los que te han apreciado,
la vejez han disfrutado.

EL EROS

El término **EROS** se define como *el conjunto de tendencias e impulsos sexuales de la persona* según lo presenta el diccionario de la Real Academia Española. Tal vez el tocar este tema ofrezca un mal entendido, pero ¿será el tratarlo algo contraproducente? ¿O será algo necesario en nuestros días? Yo personalmente creo que sí, ya que los tiempos han cambiado, y la forma de verlo es diferente a los tiempos pasados.

Es sorprendente el ver en la actualidad, cuanto los niños saben sobre el tema del sexo. Por eso es necesario canalizar el conocimiento que ellos van adquiriendo para que sepan la ventaja y la desventaja que existe al tratar con las cuestiones de esta forma de amar. Se supone que haya un impulso amoroso antes del impulso sexual, pero muchas veces es lo contrario. Hoy día las relaciones premaritales se han convertido en algo común. He escuchado a personas expresar que esa debe ser la forma correcta porque de esa manera las parejas se conocen mejor antes de proceder al matrimonio; pero me pregunto: "Si eso es así, ¿por qué existen tantos problemas matrimoniales aún en las parejas que lo han practicado?"

El problema estriba en que muchos han considerado al eros como que esa es la cosa más importante en la relación, y esto ha acarreado la crisis de infidelidad en las parejas, lo cual ha redundado en la penosa realidad de tantos hogares rotos debido a que uno de los cónyuges ha buscado en otros brazos la satisfacción carnal. Y lo penoso del caso es que los que realmente sufren son los hijos, que nunca entenderán por qué las cosas han sido así. Algunos de ellos se muestran rebeldes y otros deprimidos, y tal vez muestren otros sentimientos que les impide adaptarse a su nuevo ambiente.

Sin embargo, podemos observar que las parejas que han reconocido la importancia del *eros* han salido triunfantes. Éstos han comprendido la seriedad que conlleva el ser fieles a su pareja. Pero para que haya éxito, ambos deben estar en la misma página, lo cual muchas veces no se logra. Por eso es importante el despertar el ÁGAPE, que es el **AMOR** incomparable que proviene de Dios, para lograr vivir el EROS en forma vivificante.

Esta forma de amar nos inspira a expresar en diferentes formas el interés que se siente por la otra persona, ya sea con palabras, canciones, poesías, piropos y otras expresiones amorosas, que despiertan el amor y el interés del uno para el otro; pero insisto en el despertar el ÁGAPE en cada uno, para que se logre el propósito divino en ambas partes.

Con este corto mensaje me propongo introducir mis poemas relacionados con dicho tema.

¿QUÉ ES AMOR ?

AMOR, preciosa palabra;
en la que grandes poetas
se inspiran para escribir;
que llena los corazones,
aunque a veces es un cuento
que ilusiona el corazón
y sufrimos desencanto.

Es muy triste recordar
momentos de decepción
que rompen el corazón
cuando a su paso hay engaño;
especialmente si ha habido
momentos de ilusión
al creer que ese amor
nunca nos haría daño.

¿Por qué será esto así?
¿Por qué se esfuma el amor?
¿No será que el amor
no es más que un espejismo?
Muchos así pensarán
porque de ellos se esconde;
no obstante siguen buscando
a quien les brinde su amor.

Muchos creen sentir amor
por alguien que los atrae
ya sea por la belleza,
o tal vez la posición,
otros por el proceder,
y muchos por sensualidad.
¿Pero habrá alguien que ame
sin reservas y sin par?

Sí, yo creo que lo hay,
aunque observo desencanto;
pues a muchos he encontrado
sufriendo de desamor.
No obstante sé que hay amores
que nunca se olvidarán
porque el amor verdadero
por siempre perdurará.

ROSAS Y ESPINAS

Por el jardín del amor
se pasea mucha gente
buscando una bella rosa
que a su paso puedan ver;
pero las malas espinas
muchas veces les impiden
poder acercarse a ella
para poderla obtener.

Al llegar a ese jardín
donde abundan tantas rosas,
debes de tener cuidado
no sea que te sorprendas;
que al tratar de cortar rosas
te desangren las espinas,
que por no ser cuidadoso
se te frustre la esperanza.

El amor es un rosal
con belleza y con espinas;
hay dulzura y amargura
en las cosas del amor.
Por eso es muy esencial
el saber cómo tratar
las cuestiones del amor
para no sufrir dolor.

Pero si eres amoroso
y lo haces con cuidado,
podrás coger una rosa
sin tener que ser hincado;
y disfrutarás su olor,
y observarás su belleza
sin sentir por un instante
las espinas doloras.

EL AMOR Y LA PLANTA

El amor es cual la planta
que en un jardín se ha sembrado;
la que debe ser cuidada,
sino su fin habrá llegado.

Según ella va creciendo
así mismito el amor,
va creciendo y madurando
y dejando su candor.

Mas el amor muchas veces
poco a poco va muriendo,
como si fuera la planta
que no se ha ido regando.

Por eso, al ser que amamos
debemos a diario cuidar
con caricias y buen trato
para ese amor conservar.

Si al ser que dices que amas
lo maltratas sin piedad,
puedes terminar llorando
porque se te alejará.

Y tal vez lo buscarás
tratando de rescatarlo,
pero muy tarde será,
pues a ese amor ya has matado.

Una vez muerto el amor
es difícil revivirlo,
por eso como a la planta,
a ese amor debes cuidarlo.

AMOR CORRESPONDIDO

Amarte es mi anhelo
porque en ti he encontrado
todo aquello que buscaba
que de mí se alejaba.
Encontré tu comprensión,
tus mimos y tus cuidados,
que tanta falta me hacían
para sentirme amada.

Cada día al mirarte
y contemplar tu amable rostro
siento como que a un ángel
estoy mirando de cerca.
Esos ojos que me miran
siento como que me dicen:
"Yo te amo, vida mía,
no importa lo que acontezca."

Yo puedo también sentir
cómo tus brazos me hablan;
al arrullarme con ellos
me dicen cuánto me amas.
Y tus manos aún me dicen,
al acariciar mi cara,
que yo soy tu amor eterno
que nadie más me iguala.

No hay una cosa más bella
que el amor correspondido,
donde se da y se recibe
la felicidad de amar.
Aquel que esto ha encontrado
no lo debe de abusar,
pues muchos andan por ahí
amando sin ser amados.

ENAMORADO

No hay cosa más bonita
que el estar enamorado;
pero qué feo se siente
cuando el ser que amamos miente.

¿Por qué en algunos no existe
el respeto hacia el amor
que se entrega con pasión
esperando lo mejor?

No obstante lo que recibe
es el dolor del engaño,
que corrompe la ilusión
y al corazón le hace daño.

Para muchos el amor
puede que sea fantasía;
lo disfrutan por un tiempo
y luego ese amor se enfría.

O tal vez sea para ellos,
el amor como la magia;
de maravilla se sienten,
pero al instante se apaga.

Por eso muchos caminan
con el corazón partido,
dando mucho de su amor,
pero no es correspondido.

Este dilema, señores,
por años se ha vivido.
¿Pero habrá algunos amores
que aún son correspondidos?

Seguro que sí, mi hermano,
aún hay amores sinceros
que pueden gritar :
¡Qué bonito es estar enamorado!

DILEMA DE AMOR

Al mirar sus lindos ojos
aquel día en que la vi,
mi corazón se estremeció
y tembló dentro de mí.

Aún no entiendo qué pasó
en ese momento divino,
pero creo que fue amor
que se cruzó en mi camino.

Mas existe un gran dilema
que diariamente me condena,
y es pensar en que tal vez
ella no sintió lo mismo.

¡Qué locura es el amor
que llega con sus antojos,
y nos llena el corazón
con sólo ver unos ojos!

¿Cómo podré yo saber
si su corazón también
rebotó dentro de sí
y pensando estará en mí?

Mas no quiero así vivir
porque yo soy muy realista;
me conformo con seguir
sin tornar atrás la vista.

Y quién sabe si algún día
nos volvemos a encontrar,
y si lo quiere el destino,
ahí podremos hablar.

Pues lo que ha de ser será,
y lo que no, no será.
No obstante aquel momento
en mi recuerdo estará.

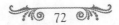

LAS ALAS

En mi camino encontré
a una preciosa mujer
que al correr de su vida
creyó su amor encontrar.
¡Pero qué gran decepción
sufrió al verse burlada!
Pues el amor que encontró
la dejó embarazada.

Ella comenzó a sufrir
y maquinaba en su mente:
"si a mí se salieran alas,
desaparecería al instante,
y así podré mitigar
el dolor que me ha causado
ese hombre indolente
que ya quedó en mi pasado."

Pero al sentir ese ser
que le ha dejado en su vientre,
ella siente que el dolor
ya no es tan insistente.
"Esta vida que está en mí,"
con orgullo dice ella,
"me ha sanado el corazón
y me ha borrado la huella."

Para ella, aquellas alas
que había deseado,
con esa vida en su vientre,
siente que ya va volando
a otro mundo sin igual,
que es el mundo de las madres,
dejando atrás el dolor
que ya ha arrojado a los mares.

INSTINTO ANIMAL

Al mirar por la ventana
pude observar con esmero
a una preciosa pareja
de pajaritos en celo.

Ellos jugueteaban
corriendo uno tras el otro,
unían sus cuerpecitos
y ahí terminaba todo.

Demostración de amor
puede que eso sea un poquito,
pero para ellos eso
sólo se hace por instinto.

Para muchos hoy perdura
ese instinto animal;
pues sólo quieren llenar
la necesidad carnal.

Y desechando al amor
se enfrascan en lo sensual
buscando satisfacer
ese instinto animal.

Y así pierden la alegría
y la felicidad de amar,
al buscar en otros brazos
la satisfacción carnal.

Y al pasar el tiempo vemos
su lucha por rescatar
un poquito del amor
que habían dejado atrás.

Pero por lo general,
eso ya no podrá ser.
Si has vivido por instinto
nunca amor podrás tener.

APÉNDICE I
AUTOCONOCIMIENTO

Este ensayo lo he considerado como un buen recurso para llevarnos a la evolución espiritual necesaria para vivir una vida centrada en el AMOR divino que es el que nos puede mover a amar a Dios sobre todas las cosas, a nosotros mismos, y a nuestro prójimo de la misma forma. El *autoconocimiento* es algo muy esencial en el proceso de comprender que el conocimiento verdadero es el proceso de invocar las verdades espirituales inherentes en nosotros. El conocernos a nosotros mismos nos lleva a descubrir quién, y qué somos, de dónde venimos, para qué estamos aquí y para dónde vamos.

Mediante el autoconocimiento se nos haría fácil vivir las tres formas de amar aquí presentadas, que son el ÁGAPE, el FRATERNO y el EROS; que es el tema principal de esta obra. Si descubrimos la fuente de todo conocimiento que es el *Espíritu de Verdad,* y lo activamos, él nos enseñará todas las cosas. La llave del autoconocimiento está en reconocer que e**l *verdadero conocimiento viene de nuestro interior.* Es el proceso de recordar las verdades espirituales que están en nosotros.

La clave de la mente divina está en toda persona. El hombre ha sido creado a imagen y semejanza de Dios. Por lo tanto es un aspecto de la mente divina, y debe operar como tal. Si estudiamos nuestra propia mente encontraremos la mente Dios, y desarrollaremos comprensión de nosotros mismos, del universo, o la ley bajo la cual el universo fue creado. Mediante este proceso *encontramos nuestro punto de contacto con Dios* que está en nuestra conciencia.

Somos más que nuestra mente; hay un punto en nosotros que puede estudiar nuestra mente. Tenemos una gran obra por delante

que tiene que ver con la perfección de la conciencia por medio de la evolución espiritual. Como toda las cosas están en la conciencia, tenemos que aprender a separar lo erróneo de la verdad, y la oscuridad de la luz. Esta diferenciación comienza ahora y continúa hasta que el hijo de Dios perfecto es manifestado completo en lo que se refiere a los atributos divinos. Y como lo dice el apóstol Pablo: Hasta que Cristo sea formado en nosotros. (Gálatas 4:19) En este pasaje, Pablo compara su lucha por lograr que así fuera, como que él sufría dolores de parto. Así de importante, y difícil era para Pablo el tratar de llevar a sus discípulos a la manifestación de los atributos divinos.

Mediante la *autoobservación* vigilamos nuestro estado de conciencia, sus impulsos y sus deseos para poder discernir los movimientos de pensamientos, sentimientos, actitudes y opiniones en nuestra conciencia. Solo así podemos distinguir entre lo deseable y lo indeseable en nosotros, en cualquier momento dado. Pero debe quedar claro que la *autoobservación no es auto-condenación*, sino un método para observar nuestros patrones de pensamiento y acciones, para liberar y transformar ideas erróneas. Una parte especial de la autoobservación es la *auto-aceptación.*

Nuestra meta realmente es obtener una conciencia de la verdad. Con la conciencia del *conocedor interno* somos capaces de buscar este conocimiento por medio de la *oración afirmativa*, que no es súplica, sino el aquietarse y pensar en todos los recursos inagotables de la mente infinita, y la *meditación*, que es el enfoque espiritual de Dios en el hombre. De este modo descubrimos que tenemos talentos que podemos compartir, y así comprendemos que nuestro éxito depende del conocimiento del Cristo en nosotros lo cual nos hace capaces de ayudar a otros.

Esa seguridad y confianza en uno mismo proviene de saber quién y qué somos. La verdadera confianza en uno mismo proviene de la convicción interna y profunda de saber que todo lo que necesitamos, en cualquier momento y bajo cualquier circunstancia, ya lo tenemos. Cuando invocamos *el espíritu viviente de la verdad como nuestro maestro y guía, reconocemos y celebramos nuestra unidad con la*

Mente Omnipresente que es Dios. Esto nos puede llevar hacia la realización de que todos somos hijos de Dios y que, Él, en su amor, espera que sus hijos comencemos a vernos como hermanos, aunque seamos diferentes. La autoobservación, que como ya había presentado, es lo que nos lleva al autoconocimiento.

Aunque esta información expresada de esta forma no la tenía a la mano mientras pasaba por una situación muy dolorosa, al yo hablar con Dios y decirle que no cambiara nada, sino a mí, Él me guio a auto-examinarme, y pude ir notando actitudes que me impedían vivir como se supone viva una hija de Dios. Desde ese momento mi vida no fue igual.

El auto-observarnos nos lleva a conocernos mejor a nosotros mismo, lo cual es un paso hacia el mejoramiento de nuestra conducta y nuestras relaciones con los demás. No obstante estoy consciente que este es un proceso constante y por toda la vida, ya que estamos viviendo en un cuerpo en debilidad, y además rodeados de seres con diferentes actitudes, que puede ser que en un momento dado nos salgamos de balance, pero con la confianza de que ***Cristo en nosotros es la esperanza de gloria,*** podemos lograr el llegar a ser seres muy comprensibles. Y no olvidemos que su gracia es suficiente en nosotros para sostenernos.

Nota: Este ensayo está fortalecido por el 2do. Capítulo de la GUÍA DE ESTUDIO de METAFÍSICA II del Instituto y Seminario de Unity,

La información que presento a continuación hace años me llegó a mi correo electrónico, y fue tan contundente en mi vida, que fortaleció la experiencia que les he presentado al decirle a Dios que no cambiara nada, sino mí. Esta información realmente me hizo concentrar en el proceso de auto-examinarme en una forma más profunda. Creo que los humanos, aún sin mala intensión, muchas veces violamos alguno de esos principios, pero nunca es tarde para reflexionar y analizarnos con el propósito, no de juzgarnos ni condenarnos, sino de crecer y mejorar nuestras relaciones humanas.

Ese mensaje lo imprimí y lo he conservado por mucho tiempo; pero sin la intensión de hacerlo parte de esta obra, me cayó en las manos, y al volverlo a leer, se me ocurrió incluirlo en el mismo, ya que creo que la información presentada es muy valiosa en el proceso de auto-examinarnos. Si nos concentrarnos en estos consejos, y tratamos de ponerlos por práctica, llegaremos a ser seres muy especiales. ¡Qué maravilloso sería el poder vivir de esta manera! Lee así:

EL MUNDO SERÍA UN MEJOR LUGAR PARA VIVIR SI MÁS PERSONAS:

* *buscaran la forma de comprenderse a sí mismas, y a los demás.*

* *recordaran que no hay nadie perfecto, incluyéndose a ellos mismos.*

* *no se sintieran tan inteligentes cuando ven a otros errar.*

* *no estuvieran tan ansiosos por sacar a relucir los defectos de los demás, mientras se sienten tan confiados con los suyo*

* *cesaran de herir los sentimientos de los demás, y dejaran de sentirse tan sensitivos cuando los de ellos son heridos.*

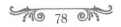

* no sintieran la necesidad de sentirse superiores, y dejaran de creerse que son quienes ellos creen que son.

* dejaran de sentirse muy elocuentes luego de ganar un argumento, que muchas veces es insignificante.

* dejaran de darse tanta importancia a ellos mismos, como a los demás, basado en sus posiciones o posesiones.

* fueran menos orgullosos de sí mismos, y decidieran crecer espiritualmente.

* buscaran tener un crecimiento interno, y así alcanzar paz interna.

* pudieran, por lo menos, respetarse unos a otros, si es que el mostrar AMOR se les hace difícil.

El autor cierra el mensaje con las siguientes palabras:

Es hora de dejar de hablar sobre vivir en un mundo mejor y comencemos a hacer algo para conseguirlo, comenzando con lo único que podemos controlar, que es a uno mismo. Hablar sobre el tema no resuelve nada. Sigamos la guía que Dios nos ha dado para convertirnos en mejores personas. Y eso nos hará sentir bien con nosotros mismos, y así contribuiremos en la búsqueda de un mejor mundo.

Escrito por Ismael Pérez Gotay

El poema a continuación titulado MI PETICIÓN es uno de los primeros poemas que escribí en la década de los 80tas, al comenzar a crecer espiritualmente. Pues, aunque había nacido en un hogar cristiano, se me hacía difícil experimentar la manifestación gloriosa de los hijos de Dios en mí, debido a que se le daba más énfasis a las cosas superficiales, que a las espirituales. Pero al comenzar a leer en la Biblia las enseñanzas de Jesús, me sentí incapaz de vivirlas, y reconocí que solamente Dios me podría moldear mi carácter.

MI PETICIÓN

Hazme cada día como Tú, Señor;
yo quiero en tus manos como el barro ser,
sé Tú el Alfarero que moldeas en mí
un vaso para honra de tu nombre.

Moldea mi carácter y mi voluntad,
que no viva yo, sino Tú en mí,
para que otros puedan ver la realidad
de tu gran amor y de tu lealtad.

Haz que la paz tuya sea real me mí
al enfrentar retos del diario vivir;
que viva confiada que no hay nada aquí
que pueda impedirme que yo sea feliz.

Haz que cada día pueda caminar
con la confianza que estas en mi ser.
Y estando consciente de esta realidad
no habrá situación que me pueda vencer.

Gracias, Dios amado, por estar atento
a la petición de mi corazón;
pues yo estoy consciente de que Cristo en mí,
en triunfo me llevas, y eso es así.

¿QUIEN SOY YO?

¿Será posible que aún
no sepamos descifrar
quienes somos en verdad?
Esto nos lleva a fallar.

El autoconocimiento
es un arma especial
que nos lleva a descubrir
nuestra real identidad.

No, no somos cualquier cosa,
como muchos creerán,
somos creación divina,
y eso nos debe animar.

No dejemos de creer
que Dios, nuestro creador,
pacientemente espera
que aceptemos su amor.

Su amor es incomparable,
mas no obstante Él espera
que nos auto-examinemos
en una forma sincera.

Y así poder descubrir
que somos uno con Él,
que el Cristo en nuestro ser
es nuestro guía, y es fiel.

Así podremos decir:
"Gracias Dios por tu bondad."
Ahora sé quien Yo soy,
y esto trae felicidad

YO, COMO TERRENO FERTIL

Oh mi Dios, yo quiero ser
el terreno deseado
donde Tú, como hortelano,
plantes tu amor con tus manos.

Mi terreno hoy preparo
yendo dentro de mi ser,
donde encontraré el abono
que es la esperanza y la fe.

Y con tu agua de vida
que es tu palabra sagrada,
a diario la regaré
para que pueda crecer.

Además con las tijeras,
que es la autoobservación,
puedo podar esa planta
y sacar la corrupción.

Y a su tiempo esa planta
mucho fruto ha de llevar
que a muchos podrá saciar
su hambre espiritual.

Oh Dios, hortelano fiel,
úsame como el terreno
donde pueda germinar
el fruto de amor sincero.

Sólo así podré vivir
amando sin límites,
porque el AMOR, que eres Tú,
en mí muchos podrán ver.

Y unidos en tu AMOR
podremos darnos la mano
para adelante salir
tratándonos como hermanos.

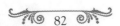

LA ESCUELA DE LA VIDA

La vida es una escuela
donde entramos al nacer;
la que nos da las destrezas
que preparan nuestro ser

En ella hay un maestro
que aparece de momento
y nos enseña a vivir
la vida con buen intento.

Ese dichoso maestro
son aquellas experiencias
que llegan a nuestras vidas
pa' desarrollar paciencia.

Ellas nos pueden llevar
a conocernos mejor,
lo que nos indicará
si hay algo que cambiar.

Así desarrollaremos
actitudes positivas
que nos abrirán las puertas
para triunfar en la vida.

Mas si somos impacientes
y al maestro ignoramos,
sufrimos las consecuencias
de la actitud que escojamos.

Al llegar la experiencia
veámosla, sin duda alguna,
como que esa es la clave
que nos traerá la fortuna.

Mas hoy mi consejo es
que debemos escuchar
a Jesús, nuestro maestro,
con enseñanza especial.

Él nos dejó una clave
que nos llevará a triunfar:
que es que lo que sembramos,
vamos siempre a cosechar.

Por eso es necesario
el pensar antes de actuar;
si planto buen proceder,
eso voy a cosechar.

Las experiencias de vida
debo aceptar como un reto;
mas con mi Cristo como guía,
lograré mi buen intento.

El poema a continuación lo escribí hace muchos años, y
después de tanto tiempo me vino al recuerdo.
Al meditar en el mensaje expuesto en él, se me ocurrió
incluirlo en esta sección de la obra, ya que considero que
puede servir de ayuda a alguien en su autoexamen.

LA JORNADA DE LA VIDA

La vida es una jornada que emprendemos al nacer,
para muchos, una lucha, para otros, un placer.
Pero en esa jornada, retos uno encontrará,
ya que la vida es incierta, y sorpresas nos dará.

Esto no lo estoy diciendo para frustrar tus anhelos,
sino para que comprendas que esto es una realidad.
Mas esas luchas traerán fortaleza a tu vida;
si aplicas sabiduría, verás la prosperidad.

He visto algunos nacer donde no les falta nada,
tienen padres, familiares y dinero pa'gastar;
pero no saben luchar, pues no lo han necesitado,
y al llegar la ruda lucha, terminan unos frustrados.

Sin embargo he visto a otros que no son tan agraciados,
llenos de necesidades y sus anhelos frustrados,
establecer nuevas metas y con tesón trabajar
sin prisa, pero sin pausa, para esas metas lograr.

Estos hoy se regocijan porque sus metas lograron,
lo cual debe ser ejemplo que podemos imitar;
por eso, amigo querido, no te aflijas si tu vida
no te sonríe al presente, sino lucha hasta triunfar.

Mas recuerda que hay un paso que no podemos obviar,
y es tener la confianza en quien nos puede guiar;
ese es Dios, nuestro creador que siempre dispuesto está
a darnos su bendita mano, si usamos fe y lealtad.

Solo así podrás llegar fortalecido y triunfante
al final de la jornada que tuviste por delante.
Rico tal vez no serás, si es que eso estaba en tu mente;
mas satisfecho estarás porque fuiste muy constante.

Hoy también doy mi consejo a aquellos privilegiados;
los que nacieron con todo lo que han necesitado:
No se sienten a exigir que le sirvan y le den,
sino levántense a hacer, a luchar y a aprender.

Y verán que la jornada que aún tienen por delante
será más maravillosa y más remunerativa;
pues así aprenderán las destrezas necesarias
para seguir paso a paso la jornada de la vida.

APÉNDICE II
UNIDAD ESPIRITUAL

Me he propuesto presentar este apéndice que contiene un mensaje de unidad espiritual, ya que a través de mi vida he anhelado el ver los humanos demostrar un amor incondicional unos a otros. Al referirme a la unidad espiritual, no estoy insinuando que tenemos que estar todos en un mismo lugar, creyendo y practicando exactamente lo mismo, sino mirándonos con ojos espirituales, que es lo que nos puede mover a ser compasivos, unos con los otros. Por muchos años me ha llamado la atención la forma en que han ido surgiendo diferentes creencias y puntos de vista relacionados con la verdadera forma de acercarnos a ese ser divino y maravilloso; a esa mente incomparable que ha creado todo el Universo, al cual se le ha dado muchos nombres.

Si vamos al Nuevo Testamento de la Biblia usada por el cristianismo podemos ver que ya para el tiempo de los apóstoles comenzaron a surgir nuevos grupos a los cuales llamaban sectas. Por ejemplo: A Pablo lo llamaron el líder de la secta de los nazarenos. También la historia del cristianismo actual nos muestra que a través de los años, ha sucedido lo mismo. Hubo un tiempo en el que los grupos que estuvieran fuera de la doctrina católica, eran considerados sectas. Pero hemos llegado a tal extremo, que con el tiempo, esos grupos crecieron y dejaron de ser sectas. Sin embargo, si surge alguien más con alguna otra idea, son considerados como una secta. Cada vez que alguien tiene una experiencia mística con algún personaje fuera de lo común, o alguna idea o mensaje sacado de la Biblia, (la cual ha sido escrita por muchos escritores, y para diferentes dispensaciones) consigue seguidores muy bien intencionados, y a esos movimientos, cualesquiera que sean, se les

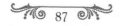

ha llamado sectas. Mas lo triste del caso es que comienzan a defender su punto de vista, ya que por lo general es confirmado por alguna información encontrada en la Biblia, y esto se convierte en la base de su creencia, y lo defienden a capa y espada. Este círculo vicioso a perdurado por años.

Esta ha sido mi observación desde muy temprana edad, ya que también he pertenecido a algunas de las llamadas sectas. Pero eso me ha llevado a cuestionar el por qué de esta situación que ha dividido a los hijos de Dios. Según el Diccionario de la Real Academia Española la palabra secta tiene varias definiciones. Una de ellas es la siguiente: *Conjunto de seguidores de una parcialidad religiosa o ideológica.* La otra definición es: *Doctrina ideológica que se diferencia e independiza de otra.* Y por último: *Conjunto de creyentes en una doctrina particular o de fieles a una religión, que el hablante considera falsa.* Si analizamos estas definiciones nos daremos cuenta que, de una u otra forma, la gente en su mayoría, ha estado en alguna secta. ¿Y qué debemos hacer ante esta situación?

El poder de la unidad es el factor que la humanidad desconoce. Esto ha sido ignorado aún por algunos que en nombre del amor que sienten por el ser místico que les ha hablado, o por la información que han visto en la Biblia, se convierten en seres prejuiciosos contra los demás. Me viene al recuerdo una cuestión que presenta el apóstol Pablo al toparse con una situación similar reinante durante el tiempo de su apostolado, que lo movió a censurarlos debido a que ellos se expresaban de la siguiente forma: "*Yo soy de Pablo; y yo de Apolos; y yo de Cefas (Pedro); y yo de Cristo.*" Y Pablo les pregunta: "*A caso está dividido Cristo?*" (1ra. Corintios 1:10-13)

Tal parece que ellos no estaban a tono con la siguiente petición hecha por Jesús al Padre: "*... Padre, que ellos sean uno, así como Tú y Yo somos uno.*" (Juan 17:21) Ésta expresión salió del corazón de Jesús. Y me pregunto: "¿Será posible el ser todos uno en este tiempo?" Estoy consciente de la pluralidad de creencias que existe, debido a que no todos estamos en el mismo nivel de conciencia; no obstante creo que podemos concentrarnos en el fluir del **AMOR**.

En el capítulo 3 de la epístola a los Efesios versículos del 14 al 19, Pablo presenta una información muy relevante en cuanto al amor, la cual contiene el siguiente subtítulo: *"El amor que excede a todo conocimiento."* Aquí él demuestra su interés por ver la unidad espiritual en el ámbito en el que él se movía. Con la exposición que hago del mensaje puedo demostrar el interés de Pablo de ver a los hermanos en un mismos sentir, al expresar que él oraba a Dios para que les diera a ellos el *ser fortalecidos con poder en el hombre interior por su Espíritu, para que Cristo habitara por la fe en sus corazones a fin de que, arraigados y cimentados en amor, pudieran comprender con todos los santos cual es la anchura, la longitud, la profundidad y la altura del AMOR de CRISTO que excede a todo conocimiento, para que fueran llenos de toda la plenitud de Dios.*

La expresión: *"fortalecidos con poder en el hombre interior"* tiene una connotación muy poderosa, ya que en nuestro espíritu es que debemos fortalecernos. Pero es muy triste observar la gran importancia que se les da a las apariencias externas, olvidando la expresión dicha por Jesús al decir que *la carne para nada aprovecha; el espíritu es el que da vida."* (Juan 6:63) Si vivimos en el espíritu, germinará en nosotros el fruto del espíritu que es *amor, gozo, paz, paciencia, benignidad, bondad, fe, mansedumbre y templanza;* (Gálatas 5:22) lo cual sigo recalcando.

Cada día me convenzo más y más de la importancia que tiene el *amor.* El problema estriba en que no todos hemos llegado a ese nivel de poder vernos en el espíritu, que es la única forma de poder ser uno, como Cristo y Dios son uno. Pues si nos miramos en carne, sufrimos una gran decepción. Por eso el apóstol Pablo dijo que *de ahora en adelante, a nadie conocemos según la carne.* (2da. Corintios 5:16)

La parábola del Sembrador que Jesús presentó confirma lo que estoy presentando. Él dijo en esa parábola *que la semilla que cayó en buena tierra dio fruto cual a treinta, cual a sesenta y cual a ciento por uno.* (Marcos 4:8 y 20) Esta parábola fortalece la conclusión a la que he llegado de que Dios trata con el ser humano de acuerdo a su nivel espiritual, y lo hace individualmente.

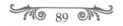

¿Sería posible demostrar la unidad espiritual aún estando en diferentes lugares? Veamos el siguiente relato: En el encuentro de Jesús con la mujer samaritana podemos ver la siguiente aseveración al ella decirle al maestro que los judíos creían que había que ir a Jerusalén a adorar a Dios, y los samaritanos creían que era en el monte. *Él le respondió que había llegado la hora en que los verdaderos adoradores adorarían a Dios en espíritu y en verdad porque tales adoradores Dios busca que le adoren.* (Juan 4:23)

Si llegásemos a comprender a cabalidad lo que es adorar a Dios en espíritu y en verdad, comenzaríamos a ver a todos los seres humanos en el espíritu, *pues la carne para nada aprovecha; el espíritu es el que da vida;* lo cual ya les había dicho. En carne somos diferentes, mas en espíritu somos uno con Dios. El día en que esto suceda, cesarán los conflictos entre los grupos, y se comenzará a vivir en el espíritu, y así se manifestará el fruto del espíritu en cada uno de los hijos de Dios. Y esto también afectará positivamente a la creación, a la cual podríamos llamar la naturaleza.

En el capítulo 8 de la epístola a los Romanos versículos del 19 al 22 en la versión del 1960 de la Biblia Reina Valera, Pablo presenta un mensaje que expresado en palabras más sencillas **nos está diciendo que la creación anhela y espera la manifestación gloriosa de los hijos de Dios.** Si meditamos en el mensaje expuesto en esos versos, nos daremos cuenta que nosotros tenemos el poder para afectar la naturaleza ya sea en lo positivo, como en lo negativo; pues depende de nuestro proceder. Según la paráfrasis que hago de la explicación hecha por Sr. Charles Fillmore en su Diccionario de Términos Metafísicos, la naturaleza es el sirviente de la mente, y cuando los pensamientos están a tono con las leyes divinas, estos reinan en la conciencia, lo cual restaura la armonía natural existente entre el espíritu, alma y cuerpo. Y al hombre hacer valer la supremacía divina, él domina la naturaleza.

¿No cree usted, querido hermano, que si el pueblo se humillare y comenzare a demostrar el grandioso AMOR que es Dios, y quien además es la energía que mueve todo el Universo, y en unidad de propósito nos concentrásemos en vernos como si fuéramos uno,

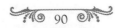

podríamos hacer una gran diferencia en nuestras comunidades? Un granito de arena que pongamos, con el tiempo llegará a ser parte de un gran edificio.

Es hora de reflexionar y unir nuestras mentes en pro de la **verdad** que es el resultado del establecer una relación personal con Dios, el cual mora en cada ser. Si concentramos la mente en desarrollar esa relación personal con Él, podríamos vernos en el espíritu, y así viviríamos como hermanos. Y no olvidemos que la clave para el logro de la unidad es el **AMOR** el cual he considerado el ÁGAPE. Que no es otra cosa sino **Dios** mismo en nosotros.

El siguiente mensaje que me llegó a mi página de "Facebook" presentado por "El CircoPhotos " apoya mi posición relacionada al AMOR.

Después de tanto caminar aprendí
que hay una sola religión: "EL AMOR"
una sola la raza: "La HUMAIDAD"
y un solo lenguaje: "El Del Corazón

El poema a continuación titulado UN ENIGMA lo escribí hace muchos años el cual representa mi inquietud por poder comprender la pluralidad de interpretaciones de la Biblia, que ha llevado a los feligreses de diferentes lugares al conflicto de ideas y creencias. Si hay una sola Biblia, (aunque también existen diferentes versiones de la misma) ¿por qué será que existen tantas diferentes formas de ver las cosas?

De acuerdo al Diccionario de la Real Academia Española la definición de la palabra enigma es: *Dicho o cosa que no se alcanza a comprender, o que difícilmente puede entenderse o interpretarse.* Hoy doy gracias a Dios porque me ha llevado a través de mi vida, por un sendero donde he podido experimentar, observar y razonar que el AMOR es la clave de la VERDAD, lo cual considero que ha sido la aclaración de mi enigma.

UN ENIGMA ACLARADO

Desde muy temprana edad me preguntaba en silencio:
"¿Por qué si la Biblia es una existen tantas creencias?"

Esto a mí me intrigaba y hasta me molestaba
al observar cómo aquellos unos a otros se juzgaban.
Pues cada cual alegaba tener la revelación
que venía de Dios mismo, y la defendían con tesón.
Y en mi mente tierna y débil seguía la confusión,
mas pensaba que algún día vendría la aclaración.

Y el momento me llegó de saber que el buen Jesús
nos dejó sus enseñanzas que arrojan mucha luz.
Él enseñó que el *amor* es la clave poderosa
para llevar una vida llena de paz y virtud.
Nos dio la Regla de Oro, que es algo muy especial:
lo que quieras para ti, hazlo tú a los demás.

Esa regla poderosa si todos la observamos,
cesarían los conflictos y seríamos como hermanos.
Porque el que ama no juzga, no hace a nadie sin razón,
es tolerante y paciente, y vive con compasión.

Ya encontré la respuesta a aquel enigma intrigante:
amar a Dios y a mi prójimo, eso sí que es lo importante.

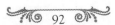

Este otro poema es una metáfora que representa mi viaje en busca de la verdad, lo cual me llevó a diferentes lugares hasta que encontré la respuesta a mi intrigante pregunta. Hoy puedo confiar en el *amor* incondicional de Dios hacia todos su hijos. Ahora siento que estoy en puerto seguro.

MI BARCA

Navegando iba yo en un mar de confusión,
en una barca extraviada, sin rumbo y sin dirección.
Arribaba a algunos puertos donde creí estar segura,
mas como no tenía un ancla, regresaba a la aventura.

Pero a un puerto arribé donde pude conocer
a un glorioso Capitán que me pudo ayudar.
Me dijo: "Toma esta ancla y además toma esta brújula,
y ya no te extraviarás; pues bien equipada estás."

Con mi ancla estarás muy firme y bien segura;
vientos no te moverán y ahí podrás reposar.
Mi brújula te indicará la dirección verdadera;
tu viaje no será igual; a puerto seguro has de llegar.

Esa ancla poderosa es la fiel afirmación
de las promesas preciosas que son una bendición,
y la brújula perfecta, es la esperanza y la fe.
Con este equipo sagrado, a puerto seguro arribé.

Por eso le doy las gracias a Cristo, el gran Capitán,
quien me ha llevado a entender con su bondad y su amor,
que no importa cuantas veces la barca se pueda extraviar,
siempre queda la esperanza del viaje volver a empezar.

UN COSEJO CONTUNDENTE

En una ocasión Dios le habló al
pueblo de esta manera:
"Humíllense y busquen mi rostro,
y YO les sanaré su tierra."

Ese glorioso consejo
que siglos atrás resonó,
puede ser la solución
a tanta desesperación.

¿No cree usted que ya es tiempo
de volvernos al creador,
el que es el Gran YO SOY
que todo lo sabe y lo puede?

Pero solo la unidad,
sin importar lo demás,
puede mover esa mano
la mano de nuestro Dios.

El problema que tenemos
es la falta de humildad
que nos coarta la esperanza
para así vivir en paz.

Mas si todos por igual
concentramos nuestra mente
en la unidad espiritual,
podremos salir triunfantes.

Ya es hora de despertar
y olvidar las diferencias
de credos, reglas y dogmas
que opacan nuestras conciencias.

No olvidemos que el AMOR
es el vínculo perfecto,
porque el amor que es real,
nos lleva a obviar los defectos.

En ese amor no hay jactancia,
no hay envidia, ni avaricia,
no hay injurias, ni hay celo,
y esto ofrece un gran consuelo.

Pensando de esta manera
podremos decirle a Dios:
"Gracias, porque por tu amor,
disfrutamos el reino de los cielos.

Basado en el Salmo 133
HABITANDO EN ARMONÍA

¡Mirad cuan bueno y cuán delicioso es
habitar los hermanos en armonía!
Esto le traerá reposo
y bendición a nuestras vidas.

Este precioso consejo
está en la Biblia plasmado.
¿Pero, se estará viviendo,
o simplemente ignorando?

Vivir así es muy bonito,
mas para poder lograrlo
tenemos que revestirnos
del amor que Dios ha dado.

Solo el amor verdadero
reinando en el corazón
podrá lograr que vivamos
llenos de esa bendición.

La bendición de llegar
a vivir regocijados,
en un mismo espíritu,
aunque en carne separados.

"¡Cuán bueno y cuán delicioso
es habitar de esta forma!"
Esto traerá a nuestro mundo
una grandiosa reforma.

Basado en Juan 17:21 al 23

UN RUEGO ESPECIAL

¡Qué ruego tan insistente
Jesús le hizo a su Padre!
Pues se acercaba la hora
en que no estaría presente.

Padre, que ellos sean uno,
así como Yo y Tú;
que unidos en un espíritu
el mundo vea tu luz.

En esa unidad perfecta
es que debemos vivir
para poder compartir
las buenas nuevas de paz.

La paz de saber que Dios
en el Cristo está presente,
el cual mora en nuestro ser
y nos hace muy potentes.

Por eso es muy importante
el vivir en armonía,
para que se manifieste
su poder que es nuestro guía.

Y así podremos lograr
que Cristo sea presentado
como instrumento de paz
en nosotros reflejado.

Basado en Efesios 4:3
EL VÍNCULO DE LA PAZ

Solícitos en guardar
la unidad espiritual,
en el vínculo perfecto,
el vínculo de la paz.

¿Cómo podremos lograr
ese grandioso objetivo ?
Solo se puede lograr
mostrando amor no fingido.

El amor es benigno,
es amable y bondadoso,
no tiene envidia, ni avaricia,
y produce especial gozo.

Por eso es importante
el vestirnos de ese amor
para poder reflejar
la unidad espiritual.

Y así toditos unidos
en pro de la paz real,
seremos glorificados
en un ambiente ideal.

EN PRO DE LA UNIDAD

Hoy, unamos nuestras mentes
en pro de la unidad;
algo que es muy necesario
para aquí vivir en paz.

Ya es hora de parar
el buscar la perfección
en aquel que nos rodea
sin saber su situación.

Es mi deseo servir
de un instrumento de paz,
para al que vive afligido
mi paz lo pueda animar.

Que donde haya dolor
angustia o desilusión,
el amor, que es Dios en mí
le traiga liberación.

Así toditos unidos,
en pro de la unidad,
plantaremos el amor
que germinará en paz.

El poema a continuación me fue inspirado el día especial llamado
ACCIÓN DE GRACIAS en el cual muchos se reúnen a compartir

UNIDOS EN ACCIÓN DE GRACIAS

Ha llegado la ocasión
en que muchos recordamos
el Día de Acción de Gracias
que un día fue celebrado
por aquellos peregrinos
que de su patria salieron
buscando la libertad
para adorar su Dios amado.

En un peligroso viaje
se lanzaron sin temor
y a América llegaron
confiados en su Dios.
Y a través de los días,
al ver tanta provisión
en una gran celebración,
dieron gracias a su Dios.

Ese especial evento
se convirtió en tradición
y hoy día se celebra
con entusiasmo y pasión.
Aunque en este día especial
recordemos ese evento,
no debemos olvidar
dar gracias en todo tiempo.

Agradezcamos a diario
a Dios por su provisión;
la que nos fue prometida
por su gracia y por su amor.
Por la vida, la salud,
y por la prosperidad;
por morar en mi interior,
le doy gracias en verdad.

No obstante, al recordar
ese día especial,
nos inspira a compartir,
y a celebrar dicho evento.
Siguiendo ese buen ejemplo
de aquel pueblo agradecido,;
compartamos, dando gracias
en todo, y siempre unidos.

LA BANDERA DEL AMOR

Hoy despliego una bandera
en mi imaginación:
una bandera especial
que expresa mi ideal.

En el centro de ella veo
un emblema especial:
un enorme corazón
representando al amor.

Un amor inconfundible,
incomparable y sincero:
ese es el Ágape,
que es el amor verdadero.

Además del corazón,
imagino otras figuras
que son representación
de una mejor aventura.

Veo dos manos, dos orejas,
una nariz y una boca,
y unos ojos muy brillantes
que mi imaginación provoca.

A esas figuras observo
y veo los cinco sentidos
para ver, oler, palpar,
escuchar y saborear
lo que todas las culturas
nos ofrecen sin dudar.

También con ellos podemos
llevar el amor divino
a todo aquel que encontremos
a lo largo del camino.

Con la boca expresar
palabras alentadoras
a los que estén añorando
una vida sin zozobras.

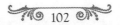

Con el oído escuchar
a aquel que llegue angustiado
buscando alivio al dolor
que en su caminar ha hallado.

Y las manos pueden dar
un saludo de confianza,
palmaditas y caricias,
lo que anima la esperanza.

La esperanza de poder
vernos en un sentir,
y así visualizar
un grandioso porvenir.

No ignoremos que los ojos
a veces nos traen engaño;
lo que nos lleva al prejuicio
que acarrea tanto daño.

Por eso es muy importante
evitar esa jugada,
para así poder lograr
que el amor nos invada.

Esta es la descripción
de mi bandera bendita,
que en mi imaginación
la pude ver muy clarita.

Pues, en esta gran misión
de expresar el amor,
en mi mente imagino
una grandiosa nación.

Una nación sin fronteras,
donde todos con fervor
desplegaremos algún día
la bandera del **AMOR**

APÉNDICE III
LA SANTIDAD SE VIVE
EN EL AMOR

Lo que me propongo expresar a continuación relacionado a la santidad, puede que sea algo controversial ya que el concepto santidad ha sido expresado de muchas formas, lo cual ha creado un conflicto de opiniones relacionado a la forma en que se supone que los feligreses vivan.

La palabra santidad tiene varias connotaciones. Pero encontré una definición en el Diccionario de la Real Academia Española (RAE) que es la siguiente: Santidad es el mostrar la capacidad de ser personas de virtud y buen ejemplo. Pero, qué es virtud? Según este mismo diccionario, existen varias definiciones, pero he escogido la siguiente: Virtud es integridad de ánimo y bondad.

Por toda mi vida he escuchado a muchos cristianos expresar la importancia de la santidad, lo cual los ha movido a juzgar a los demás por las apariencias. Pero será eso lo que verdaderamente es importante? Al llevar mi mente al pasado, he podido recordar que muchas de las doctrinas para vivir en santidad que existían, ahora han cambiado. El apóstol Pablo no se equivocó al escribir lo siguiente: " ... *por qué os sometéis a preceptos tales como no toques, no manejes, ni aún gustes en conformidad a mandamientos y doctrinas de hombres, cosas que todas se destruyen con el uso?*" Con esto podemos confirmar lo que hemos estado viendo por años. Pues lo que en muchas iglesias era considerado pecado en el pasado, ya no lo es.

Y siguiendo la línea de pensamiento de Pablo, en ese mismo capítulo él continúa diciendo lo siguiente: *Tales cosas tienen a la verdad cierta reputación de sabiduría en culto voluntario, y duro trato del cuerpo, pero no tienen valor alguno contra los apetitos de la carne.* (Colosenses 2:20-23) Si analizamos este pasaje nos daremos cuenta de que si una persona desea someterse a preceptos, lo debe hacer como un acto voluntario, sin imponérselo a los demás.

En mi opinión, si los miembros de las denominaciones legalistas de aquel tiempo, resucitaran de entre los muertos, y vieran el cambio que ha habido en cuanto a las doctrinas que ellos llamaban de santidad, caerían desmayados, ya que, a la luz de lo que explico a continuación, el cambio ha sido muy notable,

Para aquel tiempo la mujer no podía hacer nada para mejorar su apariencia física. Era prohibido recortarse el pelo, ni siquiera una pulgada; si el cabello era lacio, no se lo podían enrizar; si era crespo, no se lo podían estirar; si salían las canas, estaba prohibido el pintárselo. El maquillaje, era prohibido. Aún ponerse un poco de esmalte para las uñas, aunque fuera claro, era sancionado. El vestido había que usarlo más abajo de las rodillas; ¿y los pantalones? de eso ni hablar. Y si sigo nombrando los requisitos para vivir en santidad, sería demasiado latosa. Pero lo que he expuesto comprueba, que lo que se juzgue mal ahora, puede ser algo normal en el futuro.

Lo triste del caso es que esas exigencias desmedidas para alcanzar santidad muchas veces crean un ambiente insoportable, especialmente para los jóvenes. Muchos de ellos se han descaminado debido a las exigencias, y las amenazas lo cual los ha llevado a la rebeldía.

Si vamos a Jesús, nuestro maestro por excelencia, el cual es el señalador del camino, podemos notar la forma de tratar a los demás, sin mirar las apariencias externas o su condición actual. Él mostró paciencia y comprensión con todos los que venían a Él, y nosotros debemos ser imitadores de Él para poder demostrar con nuestra vida, sus virtudes a los demás.   Pero, la única forma de llegar a ese nivel es mediante la autoobservación, que es lo que nos puede llevar a descubrir en nosotros unos hábitos que, tal vez inconscientemente, puede que nos estén afectando negativamente. Creo que esto es algo muy necesario para establecer buenas relaciones primeramente con lo divino, lo cual se reflejará en nuestra forma de tratar a los demás. He visto muchos jóvenes entrar en rebeldía al no poder lidiar con las exigencias desmedidas impuestas por algún grupo de feligreses legalista, y eso los ha llevado a tal extremo, que han terminado experimentando un desastre humano. Y no estoy hablando en el vacío, son situaciones que vengo observando por toda una vida.

Mas lo triste del caso es que, esas personas celosas por la llamada santidad, dejan de hacer obras de justicia. ¿Será justo el obligar a otros a pensar y a actuar en la forma que uno exija? Creo enfáticamente, *que si ponemos en práctica las virtudes cardinales que son prudencia, justicia, fortaleza y templanza*, a las cuales podemos sumarles otras, podremos lograr el establecer unos parámetros en cuanto a lo permitido, o no permitido.

A través de mi vida he podido observar la frustración que muestran los adolescentes al ser sometidos a unos preceptos que no tienen valor alguno contra os apetitos de la carne, lo cual así está expresado por el apóstol Pablo. Muchos de ellos se congregan porque son obligados a hacerlo; pero están deseosos de llegar a su mayoría de edad para escapar de ahí, lo cual es algo muy doloroso, no porque no se estén congregando, sino porque puede que entren a una vida de corrupción.

Esta inquietud la he tenido por toda la vida, lo que en una ocasión me llevó a ser considerada amamantadora de pecado, al pedir, que por favor, tuvieran paciencia y tolerancia con los jóvenes. Pero mientras atravesaba por la inquietud que sentía por ellos, se me ocurrió abrir la Biblia al azar, y me topé con el capítulo 34 del Profeta Ezequiel, que fue mi apoyo para continuar con mi misión de ayudar al débil y de levantar al caído.

El capítulo es una advertencia a los pastores de Israel que no tenían cuidado de las ovejas, y además hace referencia a las ovejas gordas que no les permitían comer de los buenos pastos a las ovejas débiles; ni beber de las aguas limpias. Mientras iba leyendo ese pasaje, sentía como que se iba desarrollando una película asociada con lo que estaba viviendo en la iglesia donde me congregaba. Sin embargo, comprendo que la motivación e intensión de ellos no es mala, sino fuera de contexto, pues creo que la ignorancia es la madre de muchas injusticias.

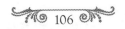

Para los padres y los encargados de tratar con los adolescentes, es muy importante conocer lo difícil que es para ellos la transición de niños a adultos. Cuando los hijos llegan a la pubertad, que es la primera fase de la adolescencia, en la cual se producen las modificaciones propias del paso de la infancia a la edad adulta, comienza un proceso. Según el psicólogo Erik Erikson, este período abarca desde los 13 a los 21 años, y es el período donde ellos entran a la búsqueda de su identidad. Pero él también expresa que no puede generalizarse porque depende del desarrollo psicológico del adolescente.

Aquí ellos entran a la etapa en la que despiertan a una conciencia de ser ellos mismos Esto nos debe mover a usar mucho tacto al tratar con ellos. Ahora tal vez usted se pregunte: "Y qué esto tiene que ver con la santidad?" La razón por la cual me he propuesto añadir esta información es para dejar claro que las exigencias desmedidas en algunas congregaciones, han llevado a muchos jóvenes a la frustración y a la rebeldía y muchos, al llegar a la mayoría edad, se liberan de ese ambiente, y terminan con problemas de personalidad, que de no haber sido así, fuera diferente. ¿Y cual debe ser nuestra posición? Ahí es que está el detalle.

Aunque son varios los factores que influyen en la manera de ser del individuo, creo que en la medida que le vamos dando la oportunidad al adolescente de ver las cosas como realmente son, puede ayudarlos. El darles la oportunidad de expresar sus inquietudes, sentimientos y situaciones con la confianza de que serán escuchados, comprendidos, y ayudados, es una muy buena estrategia. El poder establecer esa comunicación sincera, con la cual ellos expresarán sus sentimientos, puede ser el comienzo para lograr un mejor entendimiento en cuanto al desarrollo de una vida basada en los principios divinos que tiene que ver con los valores morales y espirituales. Mas debo enfatizar, que el mostrarles AMOR, que es el vínculo de la perfección y de la paz, los moverá a ser más comprensibles en cuanto a cualquier exigencia.

No obstante, puede que lleguen momentos en que creamos haber perdido el tiempo, pues al ellos llegar a su mayoría de edad, ya son adultos y dueños de sus acciones; pero cabe aclarar, que si ellos han tenido una base firme, y un ambiente acogedor, aunque se hayan descaminado, volverán a su casa. Y hay que estar dispuestos a recibirlos con amor; dándoles una segunda oportunidad, no obstante con firmeza de carácter, enfatizando las consecuencias de los actos negativos.

Aunque me he concentrado en el trato con los jóvenes, no obstante, debo aclarar que en los grupos religiosos se puede dar el caso similar a lo que he presentado en personas adultas. Nosotros, como seguidores de Cristo, debemos ser compasivos y entendidos, y no permitir que el celo desmedido por la santidad le cierre la puerta a otras personas que estén buscando una relación con lo divino.

Hay que entender que la Biblia contiene letra y espíritu. La letra mata, mas el espíritu vivifica. (2 Cor. 3:6) Por eso es importante el concentrarnos en lo que va al espíritu, ya que en el espíritu es que está la vida. Si tratando de ser santos, cometemos injusticias, no conseguiremos nada. Por el contrario, lo que recibiremos es juicio contra uno mismo, pues Jesús dijo: ***No juzguéis para no ser juzgados; porque con el juicio con que juzgáis, seréis juzgados, y con la medida con que mides, os será medido.*** (Mateo 7:2) Por eso es muy importante el mostrar AMOR en las relaciones sociales que es lo que puede cambiar actitudes de rebeldía en el mundo que nos rodea.

Y concluyo este ensayo con la siguiente opinión de mi parte: SANTIDAD es la manifestación del FRUTO del ESPÍRITU que es AMOR, GOZO, PAZ, PACIENCIA, BENIGNIDAD, BONDAD, FE, MANSEDUMBRE y TEMPLANZA. Contra estas cosas no hay ley. (Gálatas 5:22-23) Estas virtudes en nosotros, son las que nos podrán llevar a ser santos, como nuestro PADRE es SANTO.

No obstante, sé cuán difícil se nos hace el vivir de esta manera. Solamente a través de la gracia de Dios, podremos salir victoriosos. Mas no nos debemos frustrar, sino con nuestra buena intensión continuar en el proceso de demostrar una SANTIDAD, que no esté basada en las apariencias externas, sino en el fruto del espíritu. Pues si emitimos juicio contra otros, puede resultar en juicio contra nosotros mismos, lo cual está confirmado por las enseñanzas de Jesús.

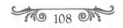

SANTIDAD, ES AMAR

En AMOR, la SANTIDAD
se convierte en realidad,
que es la clave poderosa
para demostrar bondad.
El que ama buscará
medios para no ofender,
primero a su propio ser,
y después a los demás.

Y siempre estará dispuesto
a cuidarse de aquello
que le pueda impedir
acercarse a su Dios bello.
Esto incluye el cuidarse
de lo que pueda dañar
su cuerpo, creación divina
y así la vida disfrutar.

Además podrá ayudar
a los que cerca estén
buscando una mano amiga,
y les brinda su amistad;
sin juzgar por apariencias,
ni ninguna otra razón;
solo le abre el corazón
y bendice su existencia.

El AMOR no es jactancioso,
sino humilde y compasivo;
no es injusto, ni altanero
y por siempre así ha sido.
No tiene envidia, ni avaricia;
es tolerante y amable,
no es vengativo ni injurioso,
sino sincero y amigable.

¿No cree usted que el AMOR
con esta gran descripción
es la forma de mostrar
la SANTIDAD en acción?
Esta es la oración
que a diario a Dios presento,
que me guíe a vivir
la SANTIDAD, que es un reto.

Esa es la gran razón
de expresar que en AMOR
se cumple toda la ley
y se vive sin temor.
Esa SANTIDAD gloriosa
no me dejará vivir
mi vida en desvarío
sino una vida feliz.

CIERRE DEL LIBRO

Aunque he expuesto tres formas de expresar amor que son el ÁGAPE, el FRATERNO y el EROS, recalco en lo ya dicho: Si despertamos el Ágape y nos concentramos en ese amor que es incondicional, todas las demás formas de amor se harán una realidad en nuestra vida. En la introducción presenté un poema cuyo tema es TRES FORMAS DE AMAR y ahora en el cierre me he propuesto presentar otro poema basado en el mismo tema el cual lleva por título:

TRES ASPECTOS DEL AMOR

El Ágape, amor superior,
incondicional y altruista,
con el cual Dios nos ha amado;
y no nos pierde de vista.

No importa la procedencia
ni tampoco lo que seamos,
Él siempre está dispuesto
a extendernos la mano.

Él solo espera que estemos
recordando a toda hora
que Él está en nuestro ser,
y nos lleva en victoria.

Otro aspecto del amor
es el amor FRATERNAL,
con el cual se puede amar
a toditos por igual.

Este amor nos mueve a obviar
todo lo superficial,
y nos lleva a concentrarnos
en lo que es espiritual.

Pues en nuestro espíritu
reina toda la bondad
que viene del amor que es Dios,
y nos mueve a la unidad.

Mas no puedo evitar
hablar del amor sensual
el que es llamado EROS,
que es también muy especial.

Ese es el que nos mueve
a disfrutar ese ser
que nos ha movido a ver
un futuro especial.

Un futuro en el cual
el amor como parejas,
se disfrutará por años
no mirando las barreras.

Pero no hay que dudar
que el Ágape es el amor
que nos lleva a disfrutar
las demás formas de amar.

Ese es el amor divino
manifestado en nosotros;
si activamos su poder
seremos seres dichosos.

Con este poema alabo a mi Dios por darme la inspiración.

GRACIAS TE DOY

Gracias, Dios mío, gracias te doy
porque por Ti, hoy soy lo que soy:
un instrumento que va expresando
tu amor bendito en donde estoy.

De tu amor que es infinito
Tú me has mostrado su dimensión;
y al yo sentirlo y reconocerlo,
de mí ser brota la inspiración.

Ese amor puro, el ÁGAPE,
debe reinar en nuestro interior
el que nos mueve a ayudar a otros
a que reciban paz interior.

Por eso hoy puedo expresarlo
en prosa, poesía y en canción
para que llegue a los corazones,
y así disfruten tu bendición.

Mas reconozco que no soy yo,
sino Tú en mí manifestado,
el que me lleva a comprender
el divino AMOR con que me has amado.

Un AMOR tierno, fiel y sincero,
paciente, justo y poderoso,
que no has mirado cuánto haya errado,
para acogerme en tu regazo.

Gracias, mil gracias, mi Dios amante,
por esa grandiosa obra de AMOR.
¿Y cómo podré dejar de expresarlo
si de ti viene la inspiración?

Prisila Gotay, es una mujer muy puertorriqueña, pero amadora de todas las razas. Ejerció su profesión como maestra de inglés en todos los niveles escolares en Puerto Rico; y además trabajó para el Distrito Escolar de Palm Beach, Florida, como maestra de ESOL (ENGLISH TO SPEAKERS OF OTHER LANGUAGES) que es la enseñanza de inglés a estudiantes que hablan otros Idiomas.

Su inspiración para escribir esta obra surge con la experiencia de haber tratado con personas de diferentes caracteres, tanto en su pais, como en el exterior, lo cual fortaleció su idea de que todos los seres humanos merecemos el ser amados y respetados. Pero enfatiza que solo el AMOR nos puede ayudar a comprendernos mejor.

El AMOR es el vínculo de la paz.

Printed in the United States
By Bookmasters